Veggie

KÖSTLICH VEGETARISCH
UND VEGAN KOCHEN

Brigitte
KOCHBUCH-EDITION

Veggie

KÖSTLICH VEGETARISCH UND VEGAN KOCHEN

EDEL

Inhaltsverzeichnis

Hauptgerichte 81

Vegetarisch und vegan – Infoteil 153

Lust auf Gemüse

Früher war Gemüse oft nur dekorative Beilage. Zu einer »anständigen« Mahlzeit gehörten Braten, Schnitzel, Steak oder aber Fisch. Heute ist vegetarisch genießen so angesagt wie nie – als durchgängige Ernährungsmaxime oder aber tageweise als fleischlose Abwechslung im Speiseplan. Der Trend geht sogar noch weiter: Immer mehr Menschen ernähren sich vegan, also rein pflanzlich, sie lassen auch tierische Produkte wie Milch, Käse, Eier oder Honig weg. Die Gründe sind individuell: mehr Gesundheitsbewusstsein, mehr Fleischskandale, ein wachsendes Bedürfnis, verantwortungsvoll mit der Umwelt und anständig mit Tieren umzugehen. Und das riesige Angebot an Gemüse und Salat, dazu Getreide, Nüsse, Samen, Kräuter und Gewürze, macht es ja auch leicht. Fleischlose Küche heute bedeutet Bereicherung, nicht Verzicht.

In diesem Buch haben wir für Sie die besten BRIGITTE-Rezepte ohne Fisch und Fleisch zusammengestellt. Wir haben sie in vier Kapiteln sortiert: raffinierte Gemüsesuppen und -eintöpfe, heiß oder kalt serviert, als leckere Sattmacher oder köstliche Vorspeisen. Bunte Salatkreationen für jede Saison, als frische Hauptmahlzeit oder für zwischendurch. Kleine Gerichte und Snacks, die sich auch großartig als Fingerfood für die Party eignen. Und Hauptgerichte mit Zutaten von Artischocke bis Zucchini, als Risotto, Pasta, Tarte oder Curry – unwiderstehlich.

Für Sie auf einen Blick: Alle Rezepte, die schon vegan sind oder leicht zu veganen Rezepten abgewandelt werden können, haben wir mit diesem Symbol markiert:

Suppen

Alle lieben Suppen! Wir löffeln sie als feinen Einstieg in ein Menü, oder sie bestreiten als vollwertige Hauptsache gemütliche Abende in großer und in kleiner Runde. Frisches Gemüse vielseitig kombiniert, mit Sahne, Brühe oder Kräutern ergänzt, dampfend heiß oder cool und erfrischend – Suppen sind Soul-Food. Freuen Sie sich auf Rezepte für jede Gelegenheit, von wunderbar cremig bis überraschend fruchtig

Kartoffelsuppe

MIT TRÜFFELÖL

Eine cremige Köstlichkeit, die mit Sojasahne ganz einfach vegan wird. So oder so sorgen gebratene Pastinakenwürfel für nussigen Biss

ZUTATEN
4 Portionen, als Vorspeise

700 g mehligkochende Kartoffeln
2 mittelgroße Stangen Porree
5 Zweige Thymian
1 l Gemüsefond (aus dem Glas)
Salz
frisch gemahlener weißer Pfeffer
1 große Pastinake
1 EL Butterschmalz oder 1 EL Pflanzenöl
1 TL Zucker
100 g Schlagsahne oder Sojasahne
4 EL feinstes Trüffelöl (siehe Tipp)

— Kartoffeln schälen, abspülen und in grobe Würfel schneiden. Porree putzen, abspülen und in Stücke schneiden. Den Thymian abspülen, trocken schütteln, die Blättchen abzupfen und ein paar davon beiseitelegen.

— Kartoffelwürfel, Porreestücke, Thymianblättchen, Fond, Salz und Pfeffer aufkochen. Mit Deckel etwa 30 Minuten bei kleiner Hitze kochen lassen.

— Inzwischen die Pastinake schälen, abspülen und in kleine Würfel schneiden. Butterschmalz in einer Pfanne erhitzen und die Pastinakenwürfel darin etwa 12 Minuten bei starker Hitze goldbraun braten. Mit Zucker, Salz und Pfeffer würzen und warm stellen.

— Die Suppe mit dem Stabmixer fein pürieren. Falls sie zu dickflüssig ist, mit etwas Gemüsefond schlanker rühren. Zum Schluss die Sahne dazugießen und mit Salz und Pfeffer würzen.

— Suppe anrichten, mit Pastinakenwürfeln und restlichem Thymian bestreuen. Das Trüffelöl darüberträufeln.

Fertig in 50 Minuten

Pro Portion
ca. 360 kcal, E 11 g,
F 23 g, KH 27 g

Für eine vegane Variante Butterschmalz durch Öl und Sahne durch Sojasahne ersetzen

Tipp

»Trüffelöl« steht auf vielen Flaschen, aber nicht alle sind wirklich gut, denn manche sind künstlich aromatisiert. Achten Sie auf die Zutatenliste.

Rote-Bete-Balsamico-Suppe

MIT ZIEGENKÄSE-CROSTINI

Leicht süßliche Suppe, geröstete Nüsse on top und dazu krosses Baguette. Statt Ziegenkäse schmeckt auch Doppelrahmfrischkäse

ZUTATEN

6 Portionen, als Vorspeise

700 g Rote Bete
150 g Kartoffeln
1 Knoblauchzehe
4–5 EL guter Balsamessig
1 l Gemüsefond (aus dem Glas)
1 Messerspitze gemahlene Nelken
50 g Haselnusskerne
100 g Baguette-Brot
150 g Ziegenfrischkäse
150 g Schlagsahne
Salz
frisch gemahlener Pfeffer
etwa 10 Salbeiblätter
1 EL Butterschmalz
4 EL Olivenöl zum Beträufeln

— Den Backofen auf 200 Grad, Umluft 180 Grad, Gas Stufe 4 vorheizen.

— Rote Bete und Kartoffeln schälen (mit Küchenhandschuhen arbeiten). Beides in Stücke schneiden. Knoblauch schälen und zerdrücken. Alles mit Essig, Fond und Nelken aufkochen. Zugedeckt bei mittlerer Hitze etwa 40 Minuten kochen.

— Inzwischen die Haselnüsse auf einem Backblech ausbreiten und im Ofen etwa 5 Minuten rösten. Herausnehmen, auf ein Geschirrtuch geben und die Schalen abrubbeln. Nüsse halbieren.

— Brot in dünne Scheiben schneiden und im heißen Backofen kurz goldbraun rösten. Herausnehmen, abkühlen lassen und mit Ziegenfrischkäse bestreichen.

— Suppe vom Herd nehmen und mit dem Stabmixer fein pürieren. Sahne unterrühren, kurz erwärmen und mit Salz, Pfeffer und Essig abschmecken.

— Salbei abspülen und trocken tupfen. Butterschmalz in einer kleinen Pfanne erhitzen, Salbei darin knusprig braten. Auf Küchenkrepp abtropfen lassen.

— Salbeiblätter, geröstete Haselnüsse und das restliche Öl über die Suppe und eventuell auch über die Crostini streuen und träufeln.

Fertig in 1 Stunde

Pro Portion
ca. 325 kcal, E 9 g, F 34 g, KH 24 g

Spargel-Mandel-Suppe

MIT KRÄUTERÖL

Frische »Frankfurter Kräuter«, mit Öl und Mandeln gemixt, krönen die samtige Suppe, die Löffel für Löffel satt und glücklich macht

ZUTATEN

5 Portionen

½ Baguette (am besten vom Vortag)

KRÄUTERÖL

½ Bund Kräuter für »Frankfurter Grüne Sauce« (Petersilie, Dill, Schnittlauch, Kerbel, Estragon, Pimpinelle, Sauerampfer)
80 ml Olivenöl
1–2 TL Honig oder Agavendicksaft
20 g gehackte Mandeln
Salz

SUPPE

250 g Schlagsahne oder Sojasahne
100 g gehackte Mandeln
4 Schalotten
1 Knoblauchzehe
1,5 kg weißer Spargel
1,5 l Gemüsefond oder -brühe
250 ml Milch oder Sojamilch
frisch gemahlener Pfeffer
3 EL Zitronensaft

Fertig in 1 Stunde

Pro Portion
ca. 565 kcal, E 14 g,
F 47 g, KH 24 g

Für eine vegane Variante Schlagsahne durch Sojasahne, Milch durch Sojamilch und Honig durch Agavendicksaft ersetzen

— Den Backofen auf 200 Grad, Umluft 180 Grad, Gas Stufe 4 vorheizen.

— Baguette in dünne Scheiben schneiden und im Ofen 5–10 Minuten goldbraun rösten, dabei einmal wenden. Herausnehmen und abkühlen lassen.

FÜR DAS KRÄUTERÖL

— Die Kräuter abspülen, trocken tupfen und fein hacken. Kräuter, 8 EL Wasser, Olivenöl und Honig in einen hohen Mixbecher geben und mit dem Stabmixer fein pürieren. 1–2 EL gehackte Mandeln unterrühren und mit Salz abschmecken.

FÜR DIE SUPPE

— Sahne und Mandeln pürieren. Schalotten abziehen und fein würfeln. Knoblauch abziehen und ganz lassen. Spargel schälen, Enden abschneiden, Stangen kleiner schneiden.

— Fond, Milch, Spargelstücke, Schalotten und Knoblauch zusammen etwa 10 Minuten kochen lassen. Etwa die Hälfte der Spargelstücke mit einer Schaumkelle herausnehmen und abtropfen lassen. Restliche Suppe bei starker Hitze ohne Deckel 10 Minuten einkochen lassen.

— Mandelsahne dazugießen und die Suppe nochmals fein pürieren (siehe Tipp). Kurz erhitzen, restliche Spargelstücke zugeben und mit Salz, Pfeffer und Zitronensaft abschmecken.

— Die Suppe mit etwas Kräuteröl beträufeln. Restliches Öl und das geröstete Brot dazu servieren.

Tipp

Die Suppe wird noch feiner, wenn Sie sie nach dem Pürieren noch einmal durch ein feines Sieb streichen und dabei die Mandeln gut ausdrücken.

Erdbeer-Gazpacho

Der spanische Klassiker erfrischt auf herrlich fruchtige Art. Wie verschärft Sie es mögen, ob vegan oder vegetarisch, entscheiden Sie am besten selbst

ZUTATEN
6 Portionen

500 g Erdbeeren
1 kleine Salatgurke
2 rote Paprikaschoten
2 Schalotten
1 Knoblauchzehe
½–1 rote Chilischote
2 Scheiben Toastbrot (ggf. vegan)
4–5 EL Milch oder Sojasahne
Salz
frisch gemahlener Pfeffer
5–6 EL milder Obstessig
Zucker
2 EL Olivenöl zum Beträufeln

— Erdbeeren abspülen und putzen. Gemüse putzen oder schälen, eventuell abspülen und grob schneiden. Knoblauch schälen und hacken. Chili abspülen, entkernen und hacken.

— Das Brot würfeln und in der Milch einweichen. Mit den vorbereiteten Zutaten und etwa 200 ml kaltem Wasser im Mixer fein pürieren. Falls die Suppe sehr dickflüssig ist, noch etwas mehr Wasser dazugeben.

— Die Suppe mit Salz, Pfeffer, Essig und einer Prise Zucker abschmecken und gut durchkühlen lassen.

— Die Gazpacho in Tassen oder kleine Teller füllen und mit Olivenöl beträufeln. Etwas Pfeffer darüberstreuen und am besten schön kalt servieren.

Ohne Wartezeit fertig in 20 Minuten

Pro Portion
ca. 110 kcal, E 2 g,
F 5 g, KH 12 g

Für eine vegane Variante Milch durch Sojasahne ersetzen

Tipp

Gazpacho schmeckt gut gekühlt am besten und ist ideal bei Hitze. Dazu passt geröstetes Baguette.

Minestrone

MIT PARMESANTALERN

Das Highlight zum italienischen Eintopf: hauchdünne Parmesancracker aus dem Ofen, lecker würzig und herrlich kross. Schmecken auch pur toll zu einem guten Wein

ZUTATEN

4 Portionen

75 g Parmesan-Käse mit Rinde
1 Gemüsezwiebel
1–2 Knoblauchzehen
250 g Zucchini
250 g Möhren (am besten Bundmöhren)
150 g Spitzkohl oder Wirsing
2 Tomaten
6–7 EL Olivenöl
1½ l Gemüsebrühe oder -fond
150 g kleine Suppennudeln (z. B. Mini-Farfalle)
Paprikapulver
je 1 Bund Petersilie
Minze und Dill
feines Meersalz
frisch gemahlener Pfeffer

Fertig in 45 Minuten

Pro Portion
ca. 440 kcal, E 13 g,
F 26 g, KH 37 g

Ohne Parmesantaler und Suppennudeln ist die Minestrone vegan

- Den Parmesan fein hobeln. Den Käse und die Rinde getrennt beiseitestellen.

- Zwiebel und Knoblauch abziehen und fein würfeln. Zucchini und Möhren putzen, abspülen und in feine Scheiben schneiden. Kohl abspülen und in feine Streifen hobeln. Tomaten abspülen, den Strunk herausschneiden und das Fruchtfleisch in grobe Würfel schneiden.

- 1–2 EL Öl in einem großen Topf erhitzen und das Gemüse unter Rühren kurz darin anbraten. Parmesanrinde und Brühe dazugeben und aufkochen. Kleine Pasta dazugeben und je nach Packungsanweisung gar kochen.

- Für die Parmesantaler (ergibt 20–25 Stück) auf der Rückseite von einem Bogen Backpapier 4 Kreise (Ø 6 cm) aufzeichnen. Papier dann auf das Backblech legen. Backofen auf 220 Grad, Umluft 200 Grad, Gas Stufe 5 vorheizen. 50 g geriebenen Parmesan und etwas Paprikapulver mischen und 2–3 Teelöffel davon in jeden Kreis geben, möglichst genau arbeiten. Den Käse etwa 4–5 Minuten im Ofen backen, bis er geschmolzen und leicht braun ist und keine Blasen wirft. Etwas abkühlen lassen und mit einem Bratenwender auf ein Kuchengitter heben.

- In der Zwischenzeit Petersilie, Minze und Dill abspülen, trocken schütteln und die Blättchen fein hacken. 1 EL der gehackten Kräuter in die Suppe rühren. Restliche Kräuter mit dem restlichen Öl fein pürieren. 50 g gehobelten Parmesan unterrühren. Mit Salz und Pfeffer würzen.

- Die Suppe mit Salz und Pfeffer gut würzen und die Parmesan-Rinde entfernen.

- Die Suppe in Teller füllen, etwas Kräutersauce daraufgeben und mit dem restlichen Parmesan bestreuen. Die Parmesantaler dazu servieren.

Tipp

Nehmen Sie an Gemüse, was Markt und Saison gerade hergeben. Am besten in Bio-Qualität – schmeckt immer noch ein bisschen besser als herkömmlich angebautes. Und es ist frei von Pestiziden. Übrigens machen sich auch Kartoffeln gut in der Suppe, trotz der Nudeln!

Spargeleintopf

MIT POLENTA-KLÖSSCHEN

Maisgrieß, Parmesan und Petersilie werden im Handumdrehen zur cremigen Einlage und machen aus dem Eintopf einen köstlichen Sattmacher

ZUTATEN

6 Portionen

EINTOPF

500 g weißer Spargel
Salz
1 Saftorange
1 EL Butter
2–3 Pimentkörner
1 kleine Stange Porree (100 g)
250 g Möhren
2–3 Stangen Staudensellerie
1 Knoblauchzehe
750 ml klare Gemüsebouillon
50 g fein geriebener Parmesan-Käse
125 g Schlag- oder Kochsahne (Kochsahne hat weniger Fett)

KLÖSSCHEN

¼ l Milch
175 g Maisgrieß (Polenta)
2–3 Stängel glatte Petersilie
1 Ei
50 g fein geriebener Parmesan-Käse
frisch gemahlener Pfeffer
gemahlene Macis (Muskatblüte) oder frisch geriebene Muskatnuss

Fertig in 1 Stunde

Pro Portion
ca. 355 kcal, E 15 g, F 19 g, KH 32 g

FÜR DEN EINTOPF

— Den Spargel schälen und die holzigen Enden abschneiden, mit 2 Tassen Wasser (etwa 350 ml), ½ TL Salz, ausgepresstem Orangensaft, Butter und Pimentkörnern zugedeckt aufkochen. 15 Minuten bei kleiner Hitze kochen lassen. Abtropfen lassen, dabei den Sud auffangen.

— Spargel klein schneiden. Porree putzen, abspülen und in breite Ringe schneiden. Möhren schälen, längs halbieren und in Scheiben schneiden. Sellerie putzen, abspülen, eventuell die Fäden abziehen und in dünne Scheiben schneiden. Knoblauch schälen und zerdrücken.

— Gemüsebouillon und Spargelsud aufkochen. Porree, Möhren, Sellerie und Knoblauch dazugeben und aufkochen. Spargelstücke dazugeben und 4–5 Minuten bei mittlerer Hitze kochen. Parmesan und Sahne verrühren und vorsichtig in die Suppe gießen. Suppe vom Herd nehmen und zur Seite stellen.

FÜR DIE KLÖSSCHEN

— Milch und ¼ l Wasser in einem kleinen Topf aufkochen. Maisgrieß unter ständigem Rühren einrieseln lassen. Polenta etwa 5 Minuten bei kleiner Hitze kochen, dabei ständig mit dem Holzlöffel rühren, damit der Brei nicht anbrennt. Dann in eine Schüssel geben.

— Petersilie abspülen, trocken schütteln und die Blätter fein hacken. Ei, Petersilie und Parmesan nacheinander unter die Polenta rühren. Mit Salz und Pfeffer abschmecken.

— Mit gut angefeuchteten Händen kleine Klöße rollen und portionsweise in kochendes Salzwasser geben. Nach 4–5 Minuten mit einer Schaumkelle aus dem Wasser heben und abtropfen lassen. Die Suppe mit Macis, Salz und Pfeffer abschmecken und mit den Klößchen anrichten.

Spinatsuppe

MIT HIMBEERSTANGEN

Ein echter Hingucker, der Ihre Gäste begeistern wird: Denn spätestens nach dem ersten Biss in die fruchtig-cremigen Toastschnittchen sind alle hin und weg

ZUTATEN

6 Portionen, als Vorspeise

SPINATSUPPE

2 Schalotten
1 Knoblauchzehe
2 Kartoffeln (150 g)
375 g junger feiner Blattspinat
2 EL Butter
700 ml Gemüsefond oder -brühe
200 g Schlagsahne
Salz
frisch gemahlener Pfeffer
frisch geriebene Muskatnuss

HIMBEERSTANGEN

4 große Scheiben Toastbrot
100 g Ziegenfrischkäse
1 EL Milch
150 g Himbeeren (evtl. TK)
2 EL Himbeergelee oder
2 TL brauner Zucker
2–3 EL saure Sahne

Fertig in 45 Minuten

Pro Portion
ca. 270 kcal, E 6 g,
F 19 g, KH 18 g

FÜR DIE SPINATSUPPE

- Schalotten und Knoblauch abziehen und fein hacken. Kartoffeln schälen, abspülen und würfeln. Spinat verlesen, abspülen und abtropfen lassen.
- Butter in einem großen Topf erhitzen. Schalotten, Knoblauch und Kartoffeln darin anbraten. Spinat tropfnass dazugeben, im geschlossenen Topf einige Minuten zusammenfallen lassen. Den Fond dazugießen und alles bei mittlerer Hitze etwa 8 Minuten kochen lassen, bis die Kartoffelwürfel gar sind. Die Suppe mit dem Stabmixer fein pürieren und die Sahne dazugießen. Nochmals aufkochen lassen und mit Salz, Pfeffer und Muskat abschmecken.

FÜR DIE HIMBEERSTANGEN

- Toastbrot rösten. Jede Toastscheibe in 3 Streifen schneiden oder diagonal halbieren.
- Frischkäse und Milch zu einer glatten Creme verrühren. Himbeeren eventuell auftauen lassen. Das Gelee glatt rühren, die Himbeeren mit einer Gabel nur grob zerdrücken, sodass noch Fruchtstückchen sichtbar sind. Gelee und Himbeeren kurz verrühren.
- Die Frischkäsecreme auf die Toaststreifen streichen und etwas von der Himbeermischung als Streifen darauf verteilen.
- Die Suppe in vorgewärmten Tassen anrichten und eventuell einen Klecks saure Sahne daraufgeben. Die Himbeerstangen dazureichen.

Tipp

Noch eleganter werden die Himbeerstangen, wenn Sie die Rinde des Toastbrotes nach dem Rösten abschneiden.

Schalotten-Joghurt-Suppe

Raffiniert zur herzhaften Suppe mit griechischem Sahnejoghurt: Milchbrötchen-Crostini mit mildem Ziegenfrischkäse

ZUTATEN

6 Portionen

300 g Schalotten
8–10 Stiele Thymian
3 EL Rapskernöl
60 g Butter
Meersalz
frisch gemahlener Pfeffer
2 EL Mehl
½ l Milch
½ l Gemüsefond oder -brühe
3 kleine Milchbrötchen à 40 g
150 g Ziegenfrischkäse
250 g Sahnejoghurt
(z. B. griechischer) oder saure
Sahne mit 10 % Fett

Fertig in
1 Stunde 15 Minuten

Pro Portion
ca. 345 kcal, E 10 g,
F 24 g, KH 22 g

— Die Schalotten mit kochendem Wasser übergießen und etwa 10 Minuten stehen lassen. Abgießen, die Schalen abziehen und die Schalotten in Ringe schneiden. Thymian abspülen, trocken tupfen und 5 Stiele beiseitelegen. Vom restlichen Thymian die Blättchen abzupfen.

— Schalottenringe und die 5 Thymianstiele in 1 EL Öl und 1 EL Butter etwa 20 Minuten bei kleinster Hitze so dünsten, dass die Schalotten keine Farbe bekommen. Mit etwas Salz und Pfeffer würzen. Die Schalotten mit Mehl bestäuben und unter Rühren etwa 1 Minute andünsten. Milch und Fond zugießen und aufkochen, dabei ständig rühren. Die Suppe etwa 10 Minuten bei kleiner Hitze kochen.

— Den Backofen auf 180 Grad, Umluft 160 Grad, Gas Stufe 3 vorheizen.

— Das restliche Öl, abgezupfte Thymianblättchen und groben Pfeffer verrühren. Die restliche Butter in einem kleinen Topf bei starker Hitze bräunen.

— Die Brötchen schräg in Scheiben schneiden, auf ein Backblech legen und im Ofen etwa 5 Minuten goldbraun rösten. Herausnehmen, mit dem Ziegenfrischkäse bestreichen und das gewürzte Öl darüberträufeln.

— Den Joghurt in die heiße Suppe rühren, darin erwärmen, aber nicht kochen lassen. Mit Salz und Pfeffer abschmecken. Die Suppe mit der gebräunten Butter beträufeln. Die Ziegenkäse-Crostini dazureichen.

Kalte Kartoffelsuppe

An kalten Tagen schmeckt der coole Suppenhit auch heiß – und ist mit Sojamilch auch für Veganer die Crème de la Crème

ZUTATEN
4 Portionen

1 Limette
300 g Kartoffeln
4 Lauchzwiebeln
2 mittelgroße Zwiebeln
2 EL Öl
800 ml Gemüsebrühe oder -fond
150 ml Vollmilch oder Sojamilch
Salz
frisch gemahlener Pfeffer
2 EL Schmand oder geschlagene Sojasahne
½ Beet rote Daikon- oder Gartenkresse

- Die Limette heiß abspülen, trocken tupfen, Schale fein abreiben und den Saft auspressen. Die Kartoffeln schälen, gründlich abspülen und in kleine Würfel schneiden. Die Lauchzwiebeln putzen (das dunkle Grün abschneiden), abspülen und die Lauchzwiebeln in feine Ringe schneiden.

- Zwiebeln abziehen und fein würfeln. Das Öl in einem Topf erhitzen und die Zwiebelwürfel bei mittlerer Hitze darin glasig dünsten. Kartoffeln und Brühe dazugeben und im geschlossenen Topf bei mittlerer Hitze etwa 10–15 Minuten kochen lassen, bis die Kartoffeln gar sind.

- Milch und Lauchzwiebeln dazugeben und alles mit dem Stabmixer fein pürieren. Limettenschale unterrühren und die Suppe mit Limettensaft, Salz und Pfeffer abschmecken. Kalt stellen.

- Die gut gekühlte Suppe in Schälchen oder Tellern anrichten und mit etwas Schmand und abgezupften Kresseblättern garnieren. Eine raffinierte Alternative: Mit einem Löffel kaltem Milchschaum statt Schmand servieren.

Fertig in 35 Minuten

Pro Portion
ca. 175 kcal, E 4 g, F 10 g, KH 17 g

Für eine vegane Variante Milch und Schmand durch Sojamilch und Sojasahne ersetzen

Tipps

Daikonkresse gibt es mit grünen und roten Blättern, verpackt in kleinen Kunststoffschalen. Ersatzweise können Sie Gartenkresse nehmen.

Dazu passen Crostini mit Fleur de Sel.

Salate

Unsere vegetarischen »Must haves«, denn sie sind viel mehr als nur eine Beilage: Mit viel buntem Gemüse und Blattsalaten der Saison, frischen Kräutern, ergänzt mit Kichererbsen, Couscous oder geröstetem Brot, Mozzarella oder Schafkäse plus feine Dressings sorgen unsere kreativen Salatkombinationen für jede Menge Abwechslung. Mal klassisch, mal italienisch, griechisch oder orientalisch angehaucht, begleiten sie Sie knackfrisch durchs ganze Jahr

Fenchel-Mozzarella-Salat

MIT JOHANNISBEERSAUCE

Zwiebeln, Honig, Essig und Senf ergeben mit frischen Johannisbeeren eine herrlich fruchtige Salatsauce zu frischem Fenchel und säuerlichem Büffel-Mozzarella

ZUTATEN

5 Portionen als Vorspeise

450 g Fenchelknollen
250 g Büffel-Mozzarella oder veganen Mozzarella
½ rote Zwiebel
150 g rote Johannisbeeren
2–3 EL milder Essig (z. B. Reisessig)
1–2 EL Akazienhonig oder Agavendicksaft
1–2 TL mittelscharfer Senf
4 EL Olivenöl
Salz
frisch gemahlener Pfeffer

Fertig in 25 Minuten

Pro Portion
ca. 265 kcal, E 12 g, F 20 g, KH 9 g

Für eine vegane Variante – Honig durch Agavendicksaft ersetzen und den Mozzarella durch Tofu oder veganen Mozzarella »MozzaRisella«

•– Den Fenchel putzen, abspülen, den Strunk herausschneiden und Fenchel sehr fein hobeln. Fenchelgrün beiseitestellen. Den Mozzarella abtropfen lassen und in Scheiben schneiden.

•– Zwiebel schälen und sehr fein würfeln. Johannisbeeren abspülen, trocken tupfen und von den Rispen streifen. Beeren mit einer Gabel zerdrücken. Zwiebelwürfel, Essig, Honig und Senf dazugeben und verrühren. Öl unterrühren, mit Salz und Pfeffer abschmecken.

•– Fenchel, Mozzarella und die Johannisbeersauce zusammen anrichten. Das Fenchelgrün darüberstreuen. Dazu schmeckt Vollkornbrot mit Butter.

Petersiliensalat

MIT FALAFELN

Petersilie schmeckt nicht nur lecker, sondern enthält auch viel Vitamin C!

ZUTATEN

4 Portionen

FALAFELN

1 Packung Fertigmischung für Falafelteig
Öl zum Frittieren

DIP

1 TL geschälter Sesam
60 g Humus (Kichererbsenpüree)
50 g Delikatess-Mayonnaise (80 % Fett) oder vegane Mayonnaise
60 g Sahnejoghurt oder Sojajoghurt
Salz
etwas Zitronensaft

SALAT

1 Salatgurke
3–4 große Flaschentomaten
2 dünne Lauchzwiebeln
1–2 Bund glatte Petersilie
2–3 EL Zitronensaft
2–3 EL Olivenöl

Ohne Wartezeit fertig in 40 Minuten

Pro Portion
ca. 445 kcal, E 12 g, F 32 g, KH 22 g

Vegan wird der Salat, wenn Sie vegane Mayo und Sojajoghurt verwenden

FÜR DIE FALAFELN

— Den Falafelteig nach Packungsanweisung mit kochendem Wasser zubereiten und quellen lassen. Anschließend aus dem Teig mit gut angefeuchteten Händen etwa 22 kleine Bällchen formen.

— Das Öl zum Frittieren erhitzen. Die Temperatur ist richtig, wenn von einem auf den Topfboden getauchten Holzlöffel kleine Bläschen aufsteigen. Die Falafelbällchen portionsweise im heißen Öl etwa 5 Minuten goldbraun frittieren. Mit einer Schaumkelle herausnehmen und auf Küchenkrepp abtropfen lassen.

FÜR DEN DIP

— Sesam in einer Pfanne ohne Fett goldbraun rösten, herausnehmen und abkühlen lassen. Humus, Mayonnaise und Joghurt verrühren und mit Salz und einem Spritzer Zitronensaft abschmecken.

FÜR DEN SALAT

— Die Gurke abspülen, trocknen und grob schälen. Gurke der Länge nach halbieren und die Kerne mit einem Teelöffel herauskratzen. Das Fruchtfleisch in kleine Würfel schneiden und salzen. Tomaten abspülen, trocknen und den Stielansatz keilförmig herausschneiden. Tomaten ebenfalls in kleine Würfel schneiden und mit den Gurkenwürfeln mischen.

— Lauchzwiebeln putzen, abspülen und in feine Ringe schneiden. Petersilie abspülen, trocken schütteln und die Blätter fein hacken. Beides vorsichtig unter die Tomaten-Gurken-Mischung heben. Mit Zitronensaft und Öl beträufeln und mit Salz abschmecken.

— Gerösteten Sesam über den Dip streuen und zu den Falafeln und dem Salat reichen.

Spargelsalat

MIT EI

Bunter Frühlings-Sattmacher mit Radieschen, Zuckerschoten und Mairüben. Wer keine Rübchen bekommt, nimmt ersatzweise Kohlrabi

ZUTATEN

4 Portionen

VINAIGRETTE

4 EL Zitronensaft
1 TL Senf
1 TL Honig
6 EL Avocadoöl oder Olivenöl
Salz
Pfeffer

SALAT

350 g weißer Spargel
350 g grüner Spargel
100 g Radieschen
100 g Zuckerschoten
8 Eier
250 g Mairüben

FÜR DIE VINAIGRETTE

— Zitronensaft, Senf und Honig verrühren. Das Öl in dünnem Strahl dazugießen und mit einem Schneebesen unterschlagen. Mit Salz und Pfeffer würzen.

FÜR DEN SALAT

— Spargel abspülen, weißen Spargel ganz, grünen nur am unteren Drittel schälen und die Enden abschneiden. Spargel in dünne Scheiben hobeln. Radieschen und Zuckerschoten putzen und abspülen. Radieschen in dünne Scheiben, Zuckerschoten schräg in schmale Streifen schneiden. Das Gemüse und die Vinaigrette mischen.

— Eier in Wasser etwa 6 Minuten kochen. Herausnehmen und kalt abspülen.

— Eier schälen und halbieren. Mairüben schälen, in dünne Scheiben schneiden oder hobeln und auf einer großen Platte oder Tellern ausbreiten. Das marinierte Gemüse und die Eihälften darauf anrichten. Mit Pfeffer würzen und sofort servieren.

Fertig in 30 Minuten

Pro Portion
ca. 395 kcal, E 19 g,
F 32 g, KH 9 g

Dazu Baguette

Auberginen-Gurken-Salat

Die kleinen Thai-Auberginen sorgen im Salat für eine leicht bittere und scharfe Note. Je kleiner sie sind, desto intensiver schmecken sie

ZUTATEN

4 Portionen, als Beilage

DRESSING

je 1 grüne und rote Chilischote
1 Stiel Zitronengras
2 kleine rote Zwiebeln
1 Knoblauchzehe
3 TL Palmzucker
6 EL Limettensaft
2 EL helle Sojasauce
1–2 EL Fischsauce oder etwas mehr Sojasauce

SALAT

1 EL helle Sesamsaat
2 Tomaten
350 g Salatgurke
400 g kleine runde Thai-Auberginen
6 Stiele Minze

Fertig in 30 Minuten

Pro Portion
ca. 105 kcal, E 4 g, F 3 g, KH 15 g

Für eine vegane Variante den Salat statt mit Fischsauce mit etwas mehr Sojasauce abschmecken

FÜR DAS DRESSING

- Chilis abspülen und in feine Ringe schneiden. Äußere Blätter vom Zitronengras entfernen, das Innere in feine Ringe schneiden. Zwiebeln abziehen und in feine Spalten schneiden.
- Knoblauch schälen und fein hacken. Palmzucker im Mörser fein zerreiben. Knoblauch, Palmzucker, Limettensaft, Soja- und Fischsauce verrühren. Chili, Zitronengras und Zwiebeln dazugeben.

FÜR DEN SALAT

- Sesamsaat in einer Pfanne ohne Fett goldbraun rösten. Abkühlen lassen. Tomaten, Gurke und Thai-Auberginen putzen, abspülen und in dünne Scheiben schneiden. Sofort mit dem Dressing mischen.
- Minzeblätter abzupfen. Die Hälfte grob schneiden, mit den Tomaten unter den Salat heben. 5 Minuten ziehen lassen. Mit Minzeblättern und Sesam bestreuen.

Tipp

Den malzig schmeckenden Palmzucker gibt's im Asiashop. Ersatzweise braunen Rohrzucker verwenden.

Burrata-Tomaten-Salat

MIT KAFFEE-VINAIGRETTE

Burrata ist ein spezieller, wie ein Säckchen geformter Mozzarella. Im Inneren steckt ein cremiger Frischkäse. Gibt's im gut sortierten Feinkostladen

ZUTATEN

4 Portionen

VINAIGRETTE

1 EL Kaffeebohnen
1 TL Kreuzkümmel (Cumin)
7 EL Sherryessig
1 TL brauner Zucker
6–7 EL Olivenöl
Salz
frisch gemahlener Pfeffer

SALAT

etwa 1 kg Tomaten, möglichst verschiedene Sorten
250 g Erdbeeren
1 kleines Bund Dill
3 kleine Burrata-Käse à 200 g oder veganen Seidentofu

FÜR DIE VINAIGRETTE

- Kaffeebohnen und Kreuzkümmel im Mörser grob zerstoßen. Mit Essig und braunem Zucker in einem kleinen Topf erwärmen und 30 Minuten durchziehen lassen. Durch ein feines Sieb oder einen Kaffeefilter gießen. Olivenöl in dünnem Strahl dazugießen und kräftig unterrühren. Mit Salz und Pfeffer würzen.

FÜR DEN SALAT

- Tomaten und Erdbeeren abspülen, putzen und in Scheiben und Spalten schneiden. Dill abspülen, trocken schütteln und die feinen Ästchen abzupfen. Burrata-Käse eventuell halbieren.
- Tomaten, Erdbeeren, Dill und Burrata auf einer Platte anrichten. Mit der Kaffee-Vinaigrette beträufeln und eventuell mit Salz und Pfeffer abschmecken.

Ohne Wartezeit fertig in 20 Minuten

Pro Portion
ca. 625 kcal, E 32 g, F 49 g, KH 12 g

Statt Burrata können Sie veganen Seidentofu verwenden

Info

Im Sommer gibt es große, aromatische Tomaten, die als »Ochsenherzen« oder »Vierländer Krause« verkauft werden. Typisch ist ihre stark gewellte Oberfläche.

Gebratener Paprikasalat

MIT SCHAFKÄSE UND OLIVEN-GRISSINI

Die krossen Blätterteigstangen mit grünen Oliven und Pistazien sind der Kracher zum Salat oder eine leckere Knabberei zu Wein

ZUTATEN

6 Portionen

GRISSINI

150 g TK-Blätterteig
35 g entsteinte grüne Oliven
1 Eigelb
1 EL gehackte Pistazienkerne
Mehl zum Bearbeiten

PAPRIKASALAT

3–4 rote Paprikaschoten
4–5 EL Olivenöl
feines Meersalz
grob gemahlener Pfeffer
400 g Feta-Schafkäse
300 g gemischte Salatblätter (z. B. Rauke, Radicchio usw.)
3 EL guter Balsamessig
80 g Pistazienkerne

Fertig in 1 Stunde

Pro Portion
ca. 485 kcal, E 17 g, F 39 g, KH 16 g

— Den Backofen auf 200 Grad, Umluft 180 Grad, Gas Stufe 4 vorheizen.

FÜR DIE GRISSINI

— Teigblätter nebeneinander ausbreiten und antauen lassen. Teigblätter wieder übereinanderlegen und auf einer bemehlten Arbeitsfläche zu einem dünnen Rechteck (etwa 20 × 40 cm Größe) ausrollen.

— Oliven abtropfen lassen und sehr fein hacken. Eigelb verquirlen und den Teig damit bestreichen. Den Teig zur Hälfte mit gehackten Oliven und Pistazien gleichmäßig bestreuen, dann die andere Teighälfte darüberschlagen. Die beiden Lagen fest zusammendrücken (eventuell mit dem Nudelholz noch einmal darüberrollen) und mit dem restlichen Eigelb bestreichen.

— Die Teigplatte der Länge nach in 20 etwa 1 cm breite Streifen schneiden. Die Streifen auf 2 mit Backpapier ausgelegte Bleche legen. Die Grissini nacheinander im vorgeheizten Backofen etwa 10–12 Minuten knusprig braun backen.

FÜR DEN PAPRIKASALAT

— Paprika mit einem Sparschäler so gut wie möglich schälen. Paprika halbieren, entkernen und in dünne Spalten schneiden. 2 EL Olivenöl in einer Pfanne erhitzen und die Paprikaspalten darin bei starker Hitze braten. Salzen und pfeffern.

— Schafkäse abtropfen lassen und in dünne Scheiben schneiden. Die Salatblätter abspülen, trocken schütteln und eventuell etwas kleiner zupfen. Mit dem restlichen Olivenöl, Essig, Salz und Pfeffer verrühren.

— Den Salat in tiefe Teller geben. Darauf gebratene Paprikastreifen, Pistazienkerne und den Schafkäse anrichten. Die Oliven-Grissini dazu servieren.

Gemüsesalat

MIT WACHTELEIERN UND GRÜNTEE-VINAIGRETTE

Spargel, Möhren und Kohlrabi vom Blech, gemischt mit frischer Rauke. Wer den Salat nicht mit Wachteleiern toppen möchte, nimmt kleine Hühnereier

ZUTATEN
4 Portionen

GEMÜSESALAT
je 500 g Kohlrabi
Möhren und grünen Spargel
2 EL Sonnenblumenöl
feines Meersalz
frisch gemahlener Pfeffer
100 g Rauke-Salat

VINAIGRETTE
2 gestrichene TL grünes Matcha-Teepulver (siehe Info)
2–3 EL Reisessig
3 EL Ahornsirup
1 EL Crème fraîche
2–3 EL Sonnenblumenöl
18 Wachteleier
4 Tortilla-Fladen (Ø 18 cm)
150 g Crème fraîche
1–2 TL Butter

Fertig in 1 Stunde

Pro Portion
ca. 550 kcal, E 15 g, F 36 g, KH 38 g

— Den Backofen auf 200 Grad, Umluft 180 Grad, Gas Stufe 4 vorheizen.

FÜR DEN GEMÜSESALAT

— Das Gemüse schälen, abspülen und in Stücke schneiden. Gemüse auf ein Backblech geben und mit Öl beträufeln. Mit Salz und Pfeffer würzen und im Ofen etwa 35 Minuten rösten.

— Rauke abspülen, trocken schleudern und in kleinere Stücke zupfen.

FÜR DIE VINAIGRETTE

— Teepulver und 3 EL heißes Wasser mit einem kleinen Schneebesen verrühren. Essig, Ahornsirup, Crème fraîche und Öl unterrühren und mit Salz und Pfeffer abschmecken. Die Hälfte der Vinaigrette mit der Rauke mischen.

— Die Wachteleier aufschneiden (das geht am besten mit einer kleinen scharfen Schere). Eier vorsichtig in einen Messbecher geben.

— Eine Pfanne erhitzen und die Tortillas nacheinander kurz darin rösten. Herausnehmen und mit Crème fraîche bestreichen. Rauke und das Gemüse darauf verteilen.

— Butter in einer Pfanne erhitzen. Wachteleier hineingießen und in etwa 1–2 Minuten zu Spiegeleiern braten. Etwas salzen und die Eier auf dem Gemüsesalat anrichten. Die restliche Vinaigrette dazu servieren.

Info

Matcha-Teepulver ist fein gemahlener Grüntee. Gibt's im Teehandel oder in japanischen Lebensmittelgeschäften.

Wildkräutersalat

MIT BLAUBEER-VINAIGRETTE

Avocado, Schafkäse und Blaubeeren sind die perfekte Ergänzung zu den Kräutern, alles zusammen unser Picknicksalat des Sommers

ZUTATEN

4 Portionen

WILDKRÄUTERSALAT

150 g gemischte Kräuter (z. B. Löwenzahn, Kerbel, Liebstöckel, Giersch, Gänseblümchen und Rote-Bete-Blätter)
2 Avocados
2 EL Zitronensaft
150 g Schafkäse (Feta)
125 g Blaubeeren

BLAUBEER-VINAIGRETTE

1 EL Blaubeerkonfitüre
2 EL Reisessig
1 TL Senf
4–5 EL Olivenöl
Salz
frisch gemahlener Pfeffer

FÜR DEN WILDKRÄUTERSALAT

•– Die gemischten Kräuter putzen, eventuell kleiner zupfen, gründlich abspülen und trocken schleudern. Avocados halbieren, entkernen, das Fruchtfleisch aus der Schale lösen und in Spalten schneiden. Avocadospalten mit Zitronensaft beträufeln. Schafkäse abtropfen lassen und grob zerbröseln. Blaubeeren verlesen, abspülen und trocken tupfen.

FÜR DIE BLAUBEER-VINAIGRETTE

•– Konfitüre, Essig und Senf verrühren. Das Öl in dünnem Strahl dazugießen, dabei kräftig rühren, damit es eine gebundene Vinaigrette wird. Mit Salz und Pfeffer abschmecken. Zum Schluss 4 EL Wasser unterrühren.

•– Avocadospalten, Kräuter, Schafkäse und Blaubeeren auf Tellern oder einer großen Platte anrichten und die Vinaigrette darüberträufeln. Am besten sofort servieren.

Fertig in 15 Minuten

Pro Portion
ca. 350 kcal, E 8 g,
F 33 g, KH 6 g

Tipp

Dazu Kastenweißbrot in lange dünne Scheiben schneiden und mit etwas Olivenöl und Salz im heißen Backofen kurz goldbraun rösten.

Spargelsalat

À LA GRECQUE

Alle lieben griechischen Bauernsalat! Und wer unseren mit gebratenem Spargel probiert hat, will nie wieder einen anderen

ZUTATEN

6 Portionen

1 kg dicker weißer Spargel
2 EL Olivenöl
4–5 Korianderkörner
grobes Meersalz
Zucker
1 Römersalat
200 g Tomaten
1 Minigurke
2 Lauchzwiebeln
200 g griechischer Sahnejoghurt (10 % Fett)
2–3 EL Mineralwasser
evtl. 1–2 EL Ouzo oder Raki (Anisschnaps)
½ Bund Dill
frisch gemahlener weißer Pfeffer
100 g Feta-Käse
1–2 Zitronen

— Den Spargel abspülen, schälen und die holzigen Enden abschneiden (Spargelabschnitte eventuell für Suppefond aufbewahren). Spargelstangen in 5–6 cm lange Stücke schneiden.

— Das Öl in einer großen beschichteten Pfanne erhitzen. Spargel und zerstoßenen Koriander darin etwa 5–6 Minuten bei mittlerer Hitze braten. Dabei die Pfanne ab und zu schwenken. Spargel salzen und eine gute Prise Zucker dazugeben. Den Spargel herausnehmen, den Sud aufheben.

— Den Römersalat putzen, abspülen und gut trocken schleudern. Salat in mundgerechte Stücke schneiden. Tomaten und Gurke abspülen. Bei den Tomaten den Stielansatz herausschneiden, die Gurke eventuell schälen. Tomaten und Gurke klein schneiden. Lauchzwiebeln putzen, abspülen und in Ringe schneiden.

— Joghurt, den Spargelsud, Mineralwasser und eventuell Ouzo verrühren. Dill abspülen, gut trocken schütteln, fein hacken und unterrühren. Die Sauce mit Salz, Pfeffer und Zucker abschmecken. Feta-Käse in Würfel schneiden.

— Salat, Tomaten, Gurke, Lauchzwiebeln, Spargel und Feta-Würfel mischen und mit dem Dill-Joghurt anrichten. Zum Schluss mit Zitronensaft beträufeln oder Zitronenhälften dazulegen. Etwas Pfeffer darübermahlen.

Fertig in 40 Minuten

Pro Portion
ca. 180 kcal, E 8 g, F 11 g, KH 10 g

Tipp

Salat mit gerösteten Pistazien bestreuen. Als Hauptgericht schmeckt ein Omelett dazu.

Tabouleh-Salat

Sommerlicher, leichter und erfrischender kann ein Salat kaum schmecken. Das liegt vor allem daran, dass so viel frische, gesunde Petersilie in den libanesischen Liebling gehört

ZUTATEN

4 Portionen

200 g Bulgur (Weizenschrot)
650 ml Gemüsebrühe (Instant)
1 Bund glatte Petersilie
1 Bund Minze
1 Knoblauchzehe
75 ml Zitronensaft
75 ml Olivenöl
3 Tomaten
½ Bund Lauchzwiebeln
½ Salatgurke
1 rote Paprikaschote
Meersalz
frisch gemahlener Pfeffer

Ohne Wartezeit fertig in 25 Minuten

Pro Portion ca. 395 kcal, E 7 g, F 20 g, KH 45 g

Vegan

- Den Bulgur in ein Sieb geben, mit kaltem Wasser abspülen und zusammen mit der Gemüsebrühe in einen Topf geben. Alles etwa 7 Minuten bei kleiner Hitze ohne Deckel kochen lassen.
- Inzwischen die Petersilie und Minze abspülen, trocken schütteln und fein hacken.
- Den Bulgur in ein Sieb gießen, abtropfen lassen und dabei die überschüssige Flüssigkeit mit einem Esslöffel gut auspressen.
- Knoblauch schälen und fein würfeln. Zitronensaft, Öl und Knoblauch verrühren. Sauce, Bulgur und die gehackten Kräuter gut mischen und etwa 1 Stunde durchziehen lassen.
- Tomaten, Lauchzwiebeln, Gurke und Paprika putzen und abspülen. Das Gemüse fein würfeln.
- Kurz vor dem Servieren das vorbereitete Gemüse unter den Bulgur mischen und den Salat mit Salz und Pfeffer würzig abschmecken.

Kichererbsen-Feta-Salat

Kichererbsen sind die idealen Kraftpakete gerade für Vegetarier, denn sie liefern viel pflanzliches Eiweiß. Deshalb: ruhig häufiger genießen!

ZUTATEN
6 Portionen

450 g getrocknete Kichererbsen
2–3 rote Chilischoten
2 rote Zwiebeln
4 Knoblauchzehen
100 ml Olivenöl
100 ml Apfelessig
50 ml Brühe (Instant)
je 1 Bund Koriander
glatte Petersilie und Minze
150 g Feta-Käse
2 Lauchzwiebeln
Meersalz
frisch gemahlener Pfeffer
Olivenöl zum Abschmecken

- Die Kichererbsen in reichlich kaltem Wasser über Nacht einweichen lassen.
- Kichererbsen abgießen und mit neuem Wasser aufkochen. Bei mittlerer Hitze etwa 1–1½ Stunden gar kochen. Abgießen und im Topf ohne Deckel abkühlen und ausdampfen lassen.
- Die Chilischoten abspülen, längs halbieren, entkernen und fein hacken. Zwiebeln und Knoblauch schälen und beides fein hacken.
- Das Olivenöl in einem Topf erhitzen und Zwiebeln, Knoblauch und Chili etwa 5–7 Minuten bei kleiner Hitze darin andünsten. Essig und Brühe dazugießen und bei starker Hitze einkochen lassen. Die heiße Marinade über die Kichererbsen gießen und abkühlen lassen.
- Kräuter abspülen, trocken schütteln und die Blätter grob hacken. Den Feta-Käse in kleine Stücke bröckeln. Die Lauchzwiebeln putzen, abspülen und dann in feine Ringe schneiden.
- Die marinierten Kichererbsen und die restlichen Zutaten verrühren und mit Salz, Pfeffer und Olivenöl kräftig abschmecken.

Ohne Wartezeit fertig in 2 Stunden

Pro Portion
ca. 475 kcal, E 19 g, F 26 g, KH 40 g

Tipp

Selbst gekochte Kichererbsen schmecken zwar besser, aber wenn's mal schnell gehen muss, nehmen Sie Kichererbsen aus der Dose, die schon gekocht und fix und fertig sind.

Panzanella

Brotsalat kommt ursprünglich aus Italien. Wir haben ihn mit Tomaten, Staudensellerie und Basilikum kombiniert – der perfekte Grillbegleiter

ZUTATEN
4 Portionen

250 g Baguette- oder Ciabatta-Brot
5 EL Olivenöl
800 g Tomaten
Salz
frisch gemahlener Pfeffer
2 mittelgroße Zwiebeln
2 Stangen Staudensellerie
1 Bund Basilikum

- Den Backofen auf 200 Grad, Umluft 180 Grad, Gas Stufe 4 vorheizen.
- Baguette in Würfel schneiden, auf einem Backblech verteilen und mit 3 EL Olivenöl beträufeln. Baguettewürfel im Ofen etwa 10 Minuten rösten, danach vollständig abkühlen lassen.
- Tomaten abspülen, den Stielansatz mit einem spitzen Messer herausschneiden und das Fruchtfleisch grob würfeln. Tomatenwürfel in eine Salatschüssel geben und mit Salz und Pfeffer würzen.
- Zwiebeln abziehen und fein würfeln. Selleriestangen abspülen und eventuell entfädeln. Sellerie ebenfalls sehr fein würfeln.
- Basilikum abspülen, trocken schütteln und die Blätter grob hacken. Alle vorbereiteten Zutaten mit dem restlichen Olivenöl zu den Tomaten geben und vorsichtig mischen.
- Den Salat vor dem Servieren mindestens 20 Minuten ziehen lassen, damit das geröstete Brot die Tomatenflüssigkeit aufnehmen kann. Nochmals abschmecken und servieren.

Ohne Wartezeit fertig in 30 Minuten

Pro Portion
ca. 335 kcal, E 7 g, F 16 g, KH 39 g

Vegan

Tipp

Der Salat schmeckt auch mit geviertelten Kirschtomaten sehr gut.

Kleine Gerichte

Manchmal darf es gern etwas weniger sein: kleinere Portionen – aber dafür mehr Auswahl! Wir empfehlen: selbst gebackene Focaccia mit cremigen Dips, knusprige italienische Schnittchen, Gemüsegerichte aus Wok oder Pfanne, mexikanische Quesadillas und feine Kleinigkeiten von der Kartoffel. Allesamt perfekte Snacks für den kleinen Hunger zwischendurch oder als Fingerfood für Gäste auf der nächsten Party

Dreierlei Bruschetta

Fantastisches Fingerfood für alle: geröstetes Brot mit Kräuter-Feta, Tomate-Basilikum und gebratenen Thymian-Pilzen

ZUTATEN

24 Stück

KÄSE-KRÄUTER-BRUSCHETTA

150 g Feta-Käse
½ Bio-Zitrone
je ½ Bund glatte Petersilie und Basilikum

TOMATEN-BRUSCHETTA

4 reife Tomaten
1–2 Knoblauchzehen
½ Bund Basilikum
Salz
frisch gemahlener Pfeffer
8 TL Olivenöl

PILZ-BRUSCHETTA

1 Schalotte
300 g braune Champignons
2–3 Zweige Thymian
2 EL Olivenöl

24 Scheiben Ciabatta-Brot

Fertig in 40 Minuten

Pro Scheibe
Käse-Kräuter: ca. 95 kcal, E 4 g, F 4 g, KH 10 g
Tomate: ca. 85 kcal, E 2 g, F 4 g, KH 11 g
Pilze: ca. 75 kcal, E 2 g, F 3 g, KH 10 g

Tomaten- und Pilz-Bruschetta sind vegan

FÜR DIE KÄSE-KRÄUTER-BRUSCHETTA

— Den Käse in ganz kleine Würfel schneiden. Die Zitrone heiß abspülen, abtrocknen und die Schale abreiben. Kräuter abspülen, trocken schütteln und die Blätter fein hacken. Käse, Kräuter und Zitronenschale mischen.

FÜR DIE TOMATEN-BRUSCHETTA

— Tomaten abspülen, vierteln, entkernen und das Fruchtfleisch in Würfel schneiden. Knoblauch abziehen und fein hacken. Basilikum abspülen, trocken schütteln und die Blättchen in Streifen schneiden.

— Die vorbereiteten Zutaten mischen und mit Salz und Pfeffer würzen. Die Tomatenmischung auf die gerösteten Brotscheiben (siehe unten) geben und das Olivenöl darüberträufeln. Sofort servieren.

FÜR DIE PILZ-BRUSCHETTA

— Schalotte abziehen, halbieren und fein würfeln. Pilze putzen, halbieren und grob hacken. Thymian abspülen, trocken schütteln und die Blättchen abstreifen.

— Das Öl in einer Pfanne erhitzen und die Schalottenwürfel darin glasig dünsten. Champignons und Thymian dazugeben und unter Rühren kräftig anbraten. Mit Salz und Pfeffer würzen.

FÜR DAS BROT

— Den Backofen auf 250 Grad, Umluft 230 Grad, Gas Stufe 6–7 vorheizen. Ciabatta-Scheiben auf den Rost des Backofens oder Grills legen und etwa 5 Minuten rösten.

— Die verschiedenen Mischungen auf die gerösteten Brotscheiben geben und sofort servieren.

Guacamole

Mit Tabasco und Tomaten: Das leicht verschärfte Avocadomus aus Mexiko geht als Party-Dip oder leckerer Brotaufstrich einfach immer. Hossa!

ZUTATEN
4 Portionen

2 reife Avocados
1 Schalotte
einige Spritzer Tabasco
Salz
Cayennepfeffer
2–3 EL Limettensaft
250 g Tomaten

- Avocados schälen, halbieren, entkernen und das Fruchtfleisch in grobe Stücke schneiden.
- Die Schalotte abziehen und grob würfeln. Avocado und Schalotte mit dem Stabmixer fein pürieren. Das Püree mit Tabasco, Salz, Cayennepfeffer und Limettensaft abschmecken.
- Die Tomaten kreuzweise einritzen und mit kochendem Wasser überbrühen. Kalt abspülen und die Haut abziehen. Tomaten vierteln, entkernen und das Fruchtfleisch fein würfeln. Tomatenwürfel und das Avocadomus mischen oder die Tomaten einfach nur darüberstreuen. Dazu passen Taco-Chips.

Fertig in 15 Minuten

Pro Portion
ca. 265 kcal, E 3 g,
F 27 g, KH 3 g

Vegan

Tipp

Aufgeschnittene Avocado wird an der Luft schnell dunkel. Darum das Mus nicht lange stehen lassen, sondern schnell mit dem Limettensaft verrühren und servieren. Oder in ein gut schließendes Gefäß geben, mit Zitronensaft beträufeln und kühl stellen.

Tomaten-Focaccia

MIT RICOTTA-PEPERONCINI-DIP

Im lockeren Hefefladen à la Italia stecken getrocknete Tomaten, gebacken wird das Ganze mit Pesto on top. Das Ergebnis: heiß geliebt und schnell vernascht

ZUTATEN

12 Scheiben

FOCACCIA

500 g Ciabatta-Backmischung mit Hefe
6 EL Olivenöl
100 weiche getrocknete Tomaten
2 TL Salz
2 TL gerebelter Thymian
Mehl zum Verarbeiten
30 g Basilikum-Pesto
grobes Meersalz

RICOTTA-PEPERONCINI-DIP

1 Bund Lauchzwiebeln
2 grüne Peperoncini
500 g Ricotta-Käse
2 EL flüssiger Lindenhonig
2 EL spanischer Brandy, Weinbrand oder Apfelsaft
Salz

Ohne Wartezeit fertig in 45 Minuten

Pro Scheibe Focaccia: ca. 175 kcal, E 4 g, F 8 g, KH 23 g
Pro Portion Dip: ca. 135 kcal, E 5 g, F 8 g, KH 8 g

Nur die Focaccia ist vegan

FÜR DIE FOCACCIA

- Backmischung, 340 ml lauwarmes Wasser und 1 EL Olivenöl mit den Knethaken des Handrührers verkneten. Abgedeckt an einem warmen Ort etwa 15 Minuten gehen lassen.
- Tomaten fein würfeln. Tomaten, Salz, Thymian und 3 EL Olivenöl zum Vorteig geben. Alles mit den Knethaken verkneten und nochmals abgedeckt an einem warmen Ort mindestens 30 Minuten gehen lassen.
- Ein Backblech mit Backpapier auslegen. Teig nochmals kurz mit den Händen durchkneten und auf wenig Mehl zu einem runden, 1 cm dicken Fladen ausrollen.
- Teig auf das Blech legen, mit einer Gabel mehrmals einstechen. Mit dem Daumen kleine Dellen eindrücken. Pesto und 1 EL Olivenöl verrühren, Mischung in die Vertiefungen träufeln. Grobes Salz darüberstreuen. Teig nochmals 20 Minuten gehen lassen.
- Den Backofen auf 180 Grad, Umluft 160 Grad, Gas Stufe 3 vorheizen.
- Focaccia mit dem restlichen Öl beträufeln. Auf der unteren Schiene 20 Minuten backen.

FÜR DEN RICOTTA-PEPERONCINI-DIP

- Lauchzwiebeln und Peperoncini putzen und abspülen. Peperoncini halbieren und entkernen. Beides in feine Ringe schneiden.
- Ricotta, Honig, Brandy und Salz glatt rühren. Lauchzwiebeln und Peperoncini unterheben.
- Dip bis zum Servieren kalt stellen.

Gegrillter Treviso

MIT ORANGEN-SALSA

Die leichte Bitternote des Radicchio-Bruders harmoniert toll mit der Orangenfrische – zusammen mit dem Blauschimmelkäse raffiniert und köstlich

ZUTATEN

2 Portionen

2 mittelgroße Köpfe Treviso (roter Radicchio) oder 4 Chicorée (ca. 600 g)
Salz
frisch gemahlener schwarzer Pfeffer
4 EL Olivenöl
2 Bio-Orangen
6 Radieschen
50 g gesalzene und geröstete Pistazienkerne
1–2 EL Rotweinessig
100 g Edelpilzkäse oder Räuchertofu

- Treviso putzen, abspülen und trocken schütteln. Köpfe längs halbieren, mit Salz und Pfeffer bestreuen. Mit Olivenöl beträufeln, bis die Blätter gleichmäßig mit Öl überzogen sind.
- Die Orangen so dick schälen, dass die weiße Haut vollständig mit entfernt wird. Die Orangenfilets mit einem scharfen Messer zwischen den Fruchthäuten herausschneiden. Den Orangensaft dabei auffangen.
- Radieschen putzen, abspülen, trocken tupfen und fein würfeln. Pistazien grob hacken. Orangenfilets und -saft, Essig, Radieschen, Pistazien und restliches Olivenöl mischen und auf einer Platte verteilen.
- Treviso auf der vorgeheizten Grillplatte (E- oder Gas-Grill) oder in der Pfanne von beiden Seiten je 2–4 Minuten grillen oder braten.
- Gegrillten Treviso auf die Orangensalsa setzen und mit Käsestücken belegen.

Fertig in 25 Minuten

Pro Portion
ca. 360 kcal, E 11 g,
F 26 g, KH 19 g

Dazu frisches Baguette oder Kräuter-Baguette

Vegane Alternative zum Edelpilzkäse: Räuchertofu

Tipp

Dazu passt frisches Baguette oder Kräuterbaguette.

Kräuter-Spargel im Wok

Idealer Starter, wenn's mal etwas anderes als Salat sein soll: Spargel mit Pinienkernen gebraten, mit Minze, Basilikum und Dill serviert. Lecker!

ZUTATEN

2 Portionen

750 g grüner Spargel
je 2–3 Stängel Minze
Basilikum und Dill
4 TL Olivenöl
30 g Pinienkerne
grobes Meersalz

- Den Spargel abspülen und trocken tupfen. Die Spargelstangen nur am unteren Drittel schälen und die Spargelenden abschneiden. Spargel in 3–4 cm lange Stücke schneiden.
- Die Kräuter abspülen, trocken schleudern und die Blätter in feine Streifen schneiden.
- Olivenöl im Wok oder in einer großen Pfanne erhitzen. Spargel, Pinienkerne und eine kräftige Prise Meersalz dazugeben und etwa 3–4 Minuten unter häufigem Schwenken braten. Eventuell 1–2 EL heißen Spargelfond oder heißes Wasser dazugeben.
- Die geschnittenen Kräuter darüberstreuen, alles gut schwenken und servieren.
- Dazu passt Bruschetta, knuspriges Holzofenbrot mit Guacamole oder Peperoncini-Dip.

Fertig in 25 Minuten

Pro Portion
ca. 245 kcal, E 10 g,
F 18 g, KH 12 g

Vegan

Tipp

Als Vorspeise passen noch sehr gut grüne Oliven oder Ziegenfrischkäse und eingelegte getrocknete Tomaten dazu.

Kartoffel-Lauch-Tatar

Würzig-frischer Kartoffelsalat mit Tomaten im Kleinformat: Ein toller Gruß aus der Küche, der sich super vorbereiten lässt und Gäste restlos begeistert

ZUTATEN

4 Portionen

500 g neue Kartoffeln,
Salz
3 saftige Fleischtomaten
2 Lauchzwiebeln (evtl. violette)
1 Schalotte
1 TL mittelscharfer Senf
frisch gemahlener Pfeffer
1 EL Weißweinessig
3 EL Olivenöl
½ Bund Basilikum
3–4 Blätter frische Minze
2 EL Aceto-Creme classic
(cremiger Balsamessig)

- Die Kartoffeln unter fließendem kaltem Wasser gründlich abbürsten und in sprudelndem Salzwasser 16–18 Minuten knapp gar kochen. Abgießen, gut abdampfen lassen und ganz abkühlen lassen.
- Die Tomaten abspülen, trocknen und den Stielansatz keilförmig herausschneiden. Die Tomaten grob hacken und in ein Mulltuch geben. Auspressen und dabei das klare Tomatenwasser auffangen.
- Lauchzwiebeln putzen, abspülen und fein würfeln. Schalotte abziehen, halbieren und ebenfalls fein würfeln. Kartoffeln zuerst in Scheiben, dann in kleine Würfel schneiden.
- Senf, Salz, Pfeffer und Essig verrühren. Das Öl in feinem Strahl dazugießen und unterrühren. Die Tomatenflüssigkeit ebenfalls unterrühren. Das Dressing mit den Kartoffel-, Lauchzwiebel- und Schalottenwürfeln mischen und abgedeckt bei Zimmertemperatur mindestens 1 Stunde ziehen lassen.
- Kräuter abspülen, trocken schütteln und die Blätter fein hacken. Kurz vor dem Servieren unter die Kartoffelmischung heben und diese auf Portionstellern (eventuell mithilfe eines Servierringes) anrichten. Mit der Aceto-Creme beträufeln und servieren.

Ohne Wartezeit fertig in 45 Minuten

Pro Portion
ca. 175 kcal, E 3 g,
F 9 g, KH 18 g

Vegan

Spargelgemüse

In sahniger Béchamelsauce mit Weißwein und frischer Petersilie serviert, wird Spargel zum Superstar

ZUTATEN
4 Portionen

1 kg weißer Spargel
Salz
1 TL Zucker
60 g Butter
50 g Mehl
100 g Schlagsahne
evtl. 1 Schuss trockener Weißwein (ersatzweise Zitronensaft)
frisch gemahlener Pfeffer
frisch geriebene Muskatnuss
1 Bund glatte Petersilie

Fertig in 50 Minuten

Pro Portion
ca. 270 kcal, E 5 g, F 20 g, KH 15 g

Dazu neue Kartoffeln

- Spargel abspülen, schälen und die holzigen Enden knapp abschneiden. Spargelstangen schräg in 2 cm lange Stücke schneiden. Die Spargelschalen in gut 1 l Wasser 10 Minuten kochen. Abgießen und das Spargelwasser auffangen. Mit Salz, Zucker und 10 g Butter wieder aufkochen und die Spargelstücke 8–10 Minuten darin kochen. Abgießen und das Spargelwasser wieder auffangen.

- Restliche Butter in einem Topf zerlassen. Mehl unter Rühren darin andünsten. Vom Herd nehmen und unter ständigem Rühren gut ⅓ vom heißen Spargelwasser dazugießen. Topf wieder auf den Herd stellen. Langsam das restliche Spargelwasser unterrühren.

- Alles einmal aufkochen lassen, bis die Sauce eine dickliche Konsistenz hat. Sahne und eventuell den Wein unterrühren und mit Salz, Pfeffer und Muskat abschmecken.

- Die Spargelstücke in die heiße Sauce geben und nochmals darin erwärmen.

- Petersilie abspülen, trocken schütteln und die Blätter fein hacken. Kurz vor dem Servieren über das Spargelgemüse streuen.

Geräucherte Kartoffeln

MIT SESAMCREME

Viel Rauch um Pellkartoffeln! Im Ofen bekommen sie ein einzigartiges Aroma und schmecken in Sesam-Sahnejoghurt gedippt sensationell

ZUTATEN
4 Portionen

750 g neue Kartoffeln,
Salz
50 g Räuchermehl (gibt's beim Fleischer oder im Anglerfachgeschäft)
3 EL Tahini (Sesampaste)
200 g griechischer Joghurt (10 % Fett) oder Sojajoghurt mit Sojasahne gemischt
½ Limette
2 TL geschälte Sesamsaat
3 Zweige glatte Petersilie

- Kartoffeln unter fließendem kaltem Wasser gründlich abbürsten und in Salzwasser 20 Minuten garen. Abgießen und abdampfen lassen.
- Den Backofen auf 80 Grad (Umluft nicht geeignet), Gas kleinste Stufe vorheizen.
- Kartoffeln auf den Backofenrost legen. Auf der 2. Schiene von oben in den Ofen schieben.
- Das Räuchermehl in eine kleine Pfanne geben und einen Deckel auflegen. Pfanne auf eine Herdplatte stellen und erhitzen, bis das Räuchermehl zu rauchen beginnt. Die Pfanne auf ein zweites Gitterrost auf der unteren Einschubleiste stellen, den Deckel abnehmen und die Kartoffeln im geschlossenen Ofen 15 Minuten räuchern.
- Sesampaste und Joghurt verrühren und mit Salz und Limettensaft abschmecken. Sesamsaat in einer Pfanne ohne Fett goldbraun rösten und über den Joghurtdip streuen.
- Petersilie abspülen, trocken schütteln und die Blätter abzupfen. Petersilienblätter und Kartoffeln mischen und anrichten. Dip dazureichen.

Fertig in 45 Minuten

Pro Portion
ca. 305 kcal, E 8 g, F 17 g, KH 28 g

Sojajoghurt mit Sojasahne cremig rühren und den griechischen Joghurt damit ersetzen

Tipp

Zum Räuchern können Sie auch einen großen Wok mit gut schließendem Deckel verwenden. Das heiße Räuchermehl liegt unten, die Kartoffeln auf dem Gitter darüber, und das Räuchern geschieht ganz einfach auf kleinster Stufe auf der Herdplatte.

Pfannenspargel

IN SCHNITTLAUCHCREME

Geschichtet, in Weißwein, Ingwer, Senf und Apfelsüße gegart – Spargel macht alles mit!

ZUTATEN

3 Portionen

750 g weißer Spargel
1 Stück frischer Ingwer (1 cm, etwa 10 g)
1–2 Schalotten
100 ml Spargelsud oder Gemüsefond
3 EL halbtrockener Weißwein oder Gemüsebrühe
2 TL körniger Senf
1 TL Bio-Apfelsüße, Apfeldicksaft oder Honig
grobes Meersalz
4 EL Kochsahne oder Pflanzensahne
1 Bund Schnittlauch

- Den Spargel abspülen, trocken tupfen und schälen. Die holzigen Enden abschneiden. Spargelstangen halbieren. Den Ingwer schälen und fein hacken. Schalotten abziehen und fein würfeln.
- Spargelsud, Weißwein, Ingwer, Schalotte, Senf und Apfelsüße in einer Pfanne verrühren.
- Zuerst die Spargel-Endstücke in die Pfanne geben, dann die Spargelspitzen darauf verteilen. Dabei jede Lage mit etwas Meersalz bestreuen. Die Pfanne schließen. Den Spargel einmal aufkochen und bei mittlerer Hitze etwa 4 Minuten kochen lassen. Den Deckel abnehmen und die Kochsahne dazugießen. Den Spargel ohne Deckel weitere 4 Minuten kochen lassen.
- Den Schnittlauch abspülen, trocken schütteln, sehr fein schneiden und vorsichtig unter die Sahne rühren. Sofort servieren.

Fertig in 30 Minuten

Pro Portion
ca. 100 kcal, E 6 g,
F 3 g, KH 10 g

Vegan wird das Gericht, wenn Sie die Sahne durch Pflanzensahne und Honig durch Apfeldicksaft ersetzen

Tipp

Dazu passen Spiegelei und knuspriges Baguette.

Frühlingsgemüse

MIT ESTRAGON-HOLLANDAISE

Statt Spargel haben hier Radieschen, Möhren, Zuckerschoten und Schalotten die Ehre, mit der Königin der Saucen serviert zu werden

ZUTATEN

6 Portionen

GEMÜSE

200 g Schalotten
200 g Radieschen (im Bund)
350 g Bundmöhren
250 g Zuckerschoten
2 EL Olivenöl
Salz

ESTRAGON-HOLLANDAISE

1 kleines Bund Estragon
25 g Parmesan-Käse
3 Eigelb
1 EL Joghurt
250 g Butter
frisch gemahlener Pfeffer
3 EL Zitronensaft
1 Prise Zucker

FÜR DAS GEMÜSE

- Schalotten schälen. Radieschen putzen, abspülen und halbieren. Möhren schälen und in längliche Stücke schneiden. Zuckerschoten abspülen und schräg halbieren.
- Öl in einem Topf erhitzen, Schalotten und Möhren salzen und darin etwa 3 Minuten anbraten. 150–200 ml Wasser dazugießen und etwa 7 Minuten zugedeckt kochen lassen. Nach 2 Minuten die Radieschen dazugeben. Zuckerschoten zum Schluss unterheben und darin kurz ziehen lassen.

FÜR DIE HOLLANDAISE

- Estragon abspülen und fein hacken. Parmesan fein reiben. Eigelbe und Joghurt in einem hohen Rührbecher verrühren.
- Die Butter kochendheiß erhitzen und mit dem Stabmixer in feinem Strahl sehr langsam unter die Eigelbmasse schlagen. Estragon und Parmesan unterheben. Mit Salz, Pfeffer, Zitronensaft und Zucker abschmecken.

Fertig in 30 Minuten

Pro Portion
ca. 440 kcal, E 6 g,
F 44 g, KH 7 g

Kreuzkümmelkartoffeln

MIT ZWIEBEL-RAITA

Während die Kartoffeln mit Ingwer, Chili und Cumin goldbraun backen, rühren Sie die frische Joghurtsauce aus Indien

ZUTATEN

4 Portionen

KARTOFFELN

800 g Backkartoffeln
1 Stück frischer Ingwer
2 grüne Chilischoten
3 EL Rapsöl mit Butter
2 TL Kreuzkümmelsaat
Fleur de Sel
750 g gemischte Tomaten

SAUCE

1 rote Zwiebel
1 Bund Koriander
500 g Naturjoghurt (3,8 % Fett) oder Sojajoghurt
evtl. 2 Limetten

Fertig in 45 Minuten

Pro Portion
ca. 360 kcal, E 11 g, F 15 g, KH 44 g

Veganer ersetzen Naturjoghurt durch Sojajoghurt

— Den Backofen auf 200 Grad, Umluft 180 Grad, Gas Stufe 4 vorheizen.

FÜR DIE KARTOFFELN

— Kartoffeln unter fließendem Wasser bürsten, sodass sie nicht geschält werden müssen. Gut trocken reiben, in 1 cm dicke Scheiben schneiden. Ingwer schälen. Chilis abspülen, trocken tupfen, halbieren und entkernen. Beides fein hacken.

— Kartoffeln, Öl, Kreuzkümmel, Ingwer, Chili und Fleur de Sel mischen. Auf einem Backblech im Ofen 20–25 Minuten backen.

— Tomaten abspülen, vierteln, den Stängelansatz herausschneiden und die Tomaten in Spalten oder Scheiben schneiden.

FÜR DIE SAUCE

— Die Zwiebel abziehen, in feine Streifen schneiden und salzen. Den Koriander abspülen, trocken schütteln und hacken. Beides unter den Joghurt mischen.

— Die Kartoffeln eventuell mit Limettensaft beträufeln und mit Tomaten und Joghurt anrichten.

Grüner Spargel

MIT TOMATENCREME

Was aus Ziegenfrischkäse, Schmand, Tomaten und Balsamessig wird?
Eine köstliche Sauce, die Spargel auf Händen trägt

ZUTATEN
3 Portionen

600 g grüner Spargel
Salz
200 g Kirschtomaten
150 g Ziegenfrischkäse (17 % Fett)
125 g Schmand oder Crème fraîche
2 ½ EL weißer Balsamessig
frisch gemahlener weißer Pfeffer
½ Bund kleinblättriges Basilikum
½ Bund Koriander
½ Bund Rauke oder glatte Petersilie
1 EL Olivenöl

- Den Spargel abspülen und trocken tupfen. Die Spargelstangen nur am unteren Drittel schälen und die Spargelenden abschneiden.
- Salzwasser in einem großen Topf aufkochen. Spargel in siedendem Wasser zugedeckt etwa 2 Minuten vorkochen. Herausnehmen, kalt abspülen und abtropfen lassen.
- Tomaten abspülen, trocken tupfen und halbieren. 3 Tomaten klein schneiden und mit Frischkäse, Schmand und 2 EL Balsamessig im Mixer zu einer Creme pürieren. Die Tomatencreme mit Salz und Pfeffer abschmecken.
- Die Kräuter und Salatblätter abspülen, trocken tupfen oder vorsichtig trocken schleudern. Das Olivenöl, restlichen Essig und Salz verrühren und mit den Kräutern mischen.
- Tomatencreme, Spargel und restliche Tomaten auf einer Platte anrichten. Mit dem Kräutersalat garnieren und mit Pfeffer bestreuen.

Fertig in 30 Minuten

Pro Portion
ca. 215 kcal, E 8 g, F 15 g, KH 9 g

Tipp

Die Tomatencreme kann einen kleinen Schuss Anisschnaps zum Abschmecken vertragen, vorausgesetzt, es essen keine Kinder mit.

Hauptgerichte

Dürfen wir vorstellen? Unsere besten Gemüserezepte, die nicht nur lecker satt machen, sondern auch so abwechslungsreich und kreativ sind, dass nicht mal überzeugte Fleisch- oder Fischfans etwas vermissen werden. In den Hauptrollen finden Sie von Artischocke bis Zucchini, von Spargel bis Tomaten alles, was der Gemüsemarkt hergibt. Probieren Sie die unerschöpfliche Vielfalt – als Risotto oder Pasta, gefüllt oder überbacken, als feuriges Curry oder Chili, im Burger oder als Tarte. Gemüse als Hauptsache: einfach unwiderstehlich!

Artischocken-Risotto

MIT ERDBEEREN

Klingt ungewöhnlich und ist die Entdeckung des Frühlings: cremiges Risotto, leicht bittere Artischocken und fruchtige Erdbeeren. Lecker!

ZUTATEN
4 Portionen

100 g roter Reis
Salz
3 Schalotten
1 Knoblauchzehe
1 EL Olivenöl
50 g Butter
250 g Risotto-Reis (z. B. Carnaroli)
200 ml halbtrockener Riesling-Wein
600 ml Gemüsefond (Glas)
1 Glas Artischockenherzen in Öl (650 g Abtropfgewicht)
250 g Erdbeeren
100 g frisch geriebener Parmesan-Käse
Salz
frisch gemahlener Pfeffer
evtl. 3–4 Stängel Thymian

Fertig in 45 Minuten

Pro Portion
ca. 620 kcal, E 20 g, F 22 g, KH 78 g

- Roten Reis in ein Sieb geben, abspülen und in reichlich Salzwasser aufkochen. Bei mittlerer Hitze etwa 25 Minuten kochen lassen. In ein Sieb gießen und ausdampfen lassen.
- Inzwischen Schalotten und Knoblauch abziehen. Schalotten fein hacken, Knoblauch zerdrücken. Öl und 20 g Butter in einem Topf erhitzen, Schalotten und Knoblauch darin glasig dünsten.
- Den Risotto-Reis dazugeben, salzen und etwa 2 Minuten andünsten, bis der Reis glasig ist. Dabei gelegentlich umrühren. Den Wein dazugießen und ohne Deckel ganz einkochen lassen.
- Fond erhitzen, nach und nach dazugießen und umrühren. Etwa 20 Minuten (die Garzeit hängt von der Reissorte ab) bei kleiner Hitze offen kochen lassen und gelegentlich umrühren. Der Reis sollte noch etwas »Biss« haben.
- Inzwischen die Artischocken abtropfen lassen und eventuell halbieren. Eine beschichtete Pfanne erhitzen, Artischocken darin rundherum scharf anbraten. Erdbeeren abspülen, putzen und in kleinere Stücke schneiden.
- Restliche Butter, geriebenen Parmesan und gekochten roten Reis unter das Risotto rühren. Mit Salz und Pfeffer würzig abschmecken.
- Kurz vor dem Servieren die Erdbeeren vorsichtig unterheben. Gebratene Artischocken auf dem Risotto anrichten und eventuell mit einigen Thymianstängeln für die Deko bestreuen.

Info

Roter Reis hat einen nussig-erdigen Geschmack – ein schöner Kontrast zu den fruchtigen Erdbeeren.

Spinat-Gnocchi in Salbeisauce

Die lockeren Kartoffelklößchen zergehen auf der Zunge und bekommen cremige Unterstützung von feinster Salbei-Sahne

ZUTATEN
4 Portionen

GNOCCHI
150 g TK-Blattspinat (oder 300 g frischer Spinat)
500 g mehligkochende Kartoffeln
100 g Mehl (Type 550)
2 Eigelb
feines Meersalz
Mehl für die Arbeitsfläche

SAUCE
etwa 12 frische große Salbeiblätter
1 Knoblauchzehe
350 g Schlagsahne (evtl. Kochsahne nehmen, die hat weniger Fett)
1 EL Butter
frisch gemahlener Pfeffer
1 EL Öl

Fertig in
1 Stunde 20 Minuten

Pro Portion
ca. 520 kcal, E 10 g, F 36 g, KH 39 g

Dazu Feldsalat

FÜR DIE GNOCCHI

- Den Spinat auftauen lassen, so viel Feuchtigkeit wie möglich ausdrücken und den Spinat sehr fein hacken.
- Die Kartoffeln gründlich abspülen und mit Schale in Wasser je nach Größe 20–30 Minuten kochen. Kartoffeln abgießen und die Schale abziehen. Kartoffeln noch heiß mit einem Kartoffelstampfer zerdrücken oder durch eine Kartoffelpresse geben. Mehl, Eigelb, Spinat und Salz zufügen und mit den Knethaken des Handrührers unterkneten.
- Aus dem Kartoffelteig etwa 50 walnussgroße Kugeln formen und auf eine bemehlte Arbeitsfläche legen. Mit einer Gabel etwas flach drücken und ein Rillenmuster eindrücken.

FÜR DIE SAUCE

- Salbei abspülen, trocken schütteln und 5 Blätter fein hacken. Knoblauch abziehen. Sahne, Butter, gehackten Salbei, Knoblauch, Salz und Pfeffer etwa 10 Minuten in einem Topf ohne Deckel einkochen lassen. Sauce abschmecken.
- Das Öl in einer Pfanne erhitzen und die restlichen Salbeiblätter darin knusprig braten. Auf Küchenkrepp abtropfen lassen.
- Die Gnocchi in reichlich siedendem Salzwasser in 2 Portionen je etwa 3 Minuten ziehen lassen, bis sie an die Wasseroberfläche steigen.
- Die Gnocchi mit einer Schaumkelle aus dem Topf nehmen, etwas abtropfen lassen und in vorgewärmte tiefe Teller geben. Die heiße Salbeisahne darübergießen (dabei die Knoblauchzehe entfernen). Mit Pfeffer würzen und die gebratenen Salbeiblätter darüberstreuen. Sofort servieren.

Tipps

So geht's mit frischem Spinat: putzen, abspülen und tropfnass in einem großen Topf mit Deckel bei mittlerer Hitze zusammenfallen lassen. In ein Sieb geben, abtropfen lassen, sehr gut ausdrücken. Wie links beschrieben weiterverarbeiten.

Den Gnocchi-Teig schnell verarbeiten und nur kurz kneten, sonst wird er zu weich. Außerdem sollte der Teig nicht ganz abkühlen, die fertigen Gnocchi werden sonst leicht zäh.

Gemüse-Chili

Super auch für die nächste Party oder Freundinnen-Runde – dazu einfach das Rezept verdreifachen!

ZUTATEN
4 Portionen

1 Bund Suppengrün
2 rote Paprikaschoten
1 mittelgroße Zucchini
2 Zwiebeln
2 Knoblauchzehen
2 rote Chilischoten
300 g Kartoffeln
4 EL Olivenöl
2 große Dosen geschälte Tomaten (à 800 g Einwaage)
2 Lorbeerblätter
Salz
1 EL Edelsüß-Paprikapulver
frisch gemahlener schwarzer Pfeffer
1 kleines Sträußchen Thymian
1 Dose rote Bohnen (250 g Abtropfgewicht)
etwa ½ l Gemüsebrühe (evtl. mehr)
5–6 EL Tomatenmark
1 Bund glatte Petersilie
200 g Schmand oder Soja-Sauerrahm
Zucker
Zitronensaft

Fertig in
1 Stunde 10 Minuten

Pro Portion
ca. 420 kcal, E 11 g, F 26 g, KH 34 g

Für eine vegane Variante Soja-Sauerrahm verwenden

- Suppengrün, Paprikaschoten, Zucchini und Zwiebeln putzen, abspülen und in kleine Würfel oder Stücke schneiden (je feiner das Gemüse geschnitten wird, desto homogener wird die Suppe). Das vorbereitete Gemüse nach Sorten getrennt beiseitestellen. Die Gemüsereste für die Brühe verwenden.

- Knoblauch abziehen und zerdrücken. Chilischote längs halbieren, die Kerne herauskratzen und die Schoten in feine Streifen schneiden (mit Küchenhandschuhen arbeiten). Wenn die Kerne drinbleiben, wird's schärfer!

- Kartoffeln schälen, abspülen und in Würfel schneiden. Mit Wasser bedeckt beiseitestellen.

- Knoblauch, Zwiebeln, Chili und das Suppengrün in heißem Öl andünsten. Die Tomaten mit der Flüssigkeit zum Gemüse geben. Mit Lorbeer, Salz, Edelsüß-Paprika (etwas für den Schmand aufheben) und Pfeffer würzen. Zugedeckt 15 Minuten kochen lassen.

- Thymian abspülen und die Blätter von den Stielen zupfen. Abgetropfte Kartoffeln und Thymian in die Suppe geben und 10 Minuten weiterkochen.

- Paprika und Zucchini zum Chili geben und noch weitere 10 Minuten kochen. Bohnen und so viel Gemüsebrühe dazugießen, bis der Eintopf die richtige Konsistenz hat. 3–4 EL Tomatenmark dazugeben. Wer die Suppe sämiger mag, kocht sie noch mal 10 Minuten länger. Petersilie hacken und über das Chili streuen.

- Schmand, 2 EL Tomatenmark, Salz und Paprikapulver verrühren. Mit etwas Zucker und Zitronensaft abschmecken und zum Chili servieren.

Tipp

Wenn Sie etwas weniger Tomaten und Flüssigkeit nehmen, haben Sie eine vegetarische Bolognese zu Pasta.

Linsenbratlinge

MIT KRÄUTERDIP UND FENCHEL

Die vegetarische Antwort auf Frikadellen hat's in sich: Ingwer, Lauchzwiebeln und Käse sorgen für tolle Würze und schmecken auch Fleischfans

ZUTATEN

4 Portionen

LINSENBRATLINGE

200 g rote Linsen
1 Bund Lauchzwiebeln
1 TL Butter
20 g frischer Ingwer
½ Bund glatte Petersilie
1 Ei
1 Eigelb
je 4 EL Semmelbrösel und Maisgrieß
2 EL fein geriebener alter Gouda-Käse
Salz
frisch gemahlener Pfeffer
2–3 EL Semmelbrösel zum Panieren
Öl zum Braten

FENCHELGEMÜSE

500 g Fenchelknolle
1 EL Butterschmalz
1–2 TL Fenchelsaat

PAPRIKA-KRÄUTERDIP

1 gelbe Paprikaschote
je ½ Bund glatte Petersilie
Schnittlauch und Dill
200 g Crème fraîche
200 g Vollmilchjoghurt

Fertig in 45 Minuten

Pro Portion
ca. 620 kcal, E 24 g,
F 32 g, KH 57 g

FÜR DIE LINSENBRATLINGE

- Die Linsen gut mit Wasser bedeckt etwa 5 Minuten kochen lassen. In ein Sieb geben und gut abtropfen lassen.

- Die Lauchzwiebeln putzen, abspülen und fein hacken. Butter in einer Pfanne erhitzen und die Lauchzwiebeln darin andünsten. Ingwer schälen und fein reiben. Petersilie abspülen, trocken schütteln und die Blätter fein hacken.

- Linsen, Lauchzwiebeln, Ingwer, Petersilie, Ei, Eigelb, Semmelbrösel, Grieß und Gouda gut mischen und mit Salz und Pfeffer kräftig würzen. Mit angefeuchteten Händen etwa 8 Bratlinge aus der Masse formen. Bratlinge vorsichtig in den Semmelbröseln wenden.

- Etwas Öl in einer beschichteten Pfanne erhitzen und die Bratlinge von jeder Seite etwa 3–4 Minuten bei mittlerer Hitze braten. Warm halten.

FÜR DAS FENCHELGEMÜSE

- Den Fenchel putzen, abspülen und in Stücke schneiden. Das Butterschmalz in einer Pfanne erhitzen und den Fenchel darin etwa 5 Minuten braten. Mit Salz und Pfeffer würzen und die Fenchelsaat dazugeben.

FÜR DEN KRÄUTERDIP

- Die Paprikaschote putzen, abspülen und in feine Würfel schneiden. Paprikawürfel in der heißen Pfanne im Fett der Bratlinge etwas weich braten und salzen. Die Kräuter abspülen, trocken schütteln und fein hacken. Crème fraîche, Joghurt und Kräuter verrühren und mit Salz und Pfeffer abschmecken. Paprikawürfel über den Dip streuen.

- Die Linsenbratlinge zusammen mit dem Fenchelgemüse und dem Kräuterdip servieren.

Tipp

Linsenbratlinge machen sich auch gut auf einem Party-Büfett. Dann kann das Fenchelgemüse wegfallen – der Dip aber nicht.

Steinpilz-Risotto

MIT PORTWEIN

Wenn Sie nicht warten wollen, bis die Steinpilzsaison losgeht: Das Risotto schmeckt zum Beispiel auch mit Austernpilzen

ZUTATEN
4 Portionen

15–20 g getrocknete Steinpilze
150 ml Portwein
3 Schalotten
3 EL Butter
250 g Risotto-Reis (Arborio Vialone oder Carnaroli)
etwa ½ l Gemüsebrühe
100 ml Weißwein
400 g Pilze (im Idealfall Steinpilze sonst Austernpilze, Kräutersaitlinge, Champignons)
2–3 EL Olivenöl
Salz
frisch gemahlener Pfeffer
1 EL abgestreifte Rosmarinnadeln
etwa 100 g Schlagsahne
100 g Pecorino-Käse

— Getrocknete Pilze in Portwein einweichen.

— Schalotten abziehen und fein würfeln. 2 EL Butter erhitzen und die Schalotten glasig dünsten. Den Reis in einem Sieb kurz kalt abspülen und zu den Schalotten geben. Unter Rühren bei mittlerer Hitze glasig dünsten.

— Die Gemüsebrühe aufkochen lassen.

— Die eingeweichten Pilze mit dem Portwein zum Reis geben, den Weißwein dazugießen und die Flüssigkeit verdampfen lassen. Nun nach und nach die heiße Brühe dazugießen. Immer erst dann etwas Brühe nachgießen, wenn der Reis die Flüssigkeit schon aufgesogen hat.

— Das Risotto ist nach etwa 25 Minuten fertig. Es soll cremig sein, der Reis aber noch Biss haben.

— In der Zwischenzeit die Pilze putzen und in mundgerechte Stücke schneiden. Restliche Butter und Olivenöl erhitzen und die Pilze darin kurz anbraten, mit Salz, Pfeffer und gehackten Rosmarinnadeln würzen. Warm halten.

— Das Risotto mit Salz und Pfeffer abschmecken und zum Schluss einen Schuss Sahne unterrühren (das macht das Risotto so schön geschmeidig und sanft; noch besser, wenn Sie die Sahne kurz mit dem Schneebesen aufschlagen).

— Die angebratenen Pilze unterheben und das Risotto mit frisch geriebenem Pecorino bestreuen (oder den Käse extra dazu servieren).

Fertig in 50 Minuten

Pro Portion
ca. 640 kcal, E 18 g, F 32 g, KH 55 g

Tipps

Falls Sie ein Stückchen Pecorino- oder Parmesan-Rinde haben, wird das im Risotto mitgekocht. Das gibt einen kräftigen, runden Geschmack. Rinde vor dem Servieren rausfischen!

Damit Risotto gelingt, braucht man den speziellen italienischen Rundkornreis. Milchreis ist zwar auch ein Rundkornreis, aber der macht das Risotto zu weich.

Couscous

MIT MÖHREN UND TOMATEN

Selbst getrocknete Tomaten aus dem Ofen sind vor allem im Sommer super aromatisch. Kichererbsen liefern Eiweiß und sind tolle Sattmacher

ZUTATEN

4 Portionen

300 g Eiertomaten
1 EL Olivenöl
feines Meersalz
frisch gemahlener Pfeffer
½–1 TL getrockneter Thymian
3 mittelgroße Möhren (270 g)
1 EL Butter oder Olivenöl
Zucker
200 g Couscous
50 g Cranberries
80 g Mandelblättchen
1 EL körnige Gemüsebrühe
1 TL Ras el Hanout (orientalische Gewürzmischung)
1 Dose Kichererbsen (265 g Abtropfgewicht)
je ½ Bund Minze und glatte Petersilie

Fertig in
1 Stunde 15 Minuten

Pro Portion
ca. 450 kcal, E 15 g, F 17 g, KH 58 g

Die Butter einfach durch Olivenöl ersetzen

- Den Backofen auf 120 Grad, Umluft 100 Grad, Gas Stufe 1–2 vorheizen.
- Tomaten abspülen, den Strunk herausschneiden und das Fruchtfleisch in Spalten schneiden. Auf ein mit Backpapier ausgelegtes Backblech ausbreiten. Mit Öl beträufeln, mit Salz und Pfeffer würzen und etwas Thymian darüberstreuen. Etwa 1 Stunde im Backofen rösten. (Wenn Ihnen das zu viel Arbeit macht, nehmen Sie fertige getrocknete Tomaten in Öl aus dem Glas.)
- Möhren schälen und in Scheiben schneiden. Butter in einem Topf erhitzen und die Möhren darin unter Rühren 10 Minuten dünsten. Eventuell etwas Wasser dazugießen. Möhren mit Salz, einer Prise Zucker und reichlich Pfeffer würzen.
- Couscous, Cranberries, Mandeln, körnige Gemüsebrühe und das Ras-el-Hanout-Gewürz mischen. Mit etwa 250 ml kochendheißem Wasser begießen. Etwa 10 Minuten ziehen lassen.
- In der Zwischenzeit die Kichererbsen mit der Flüssigkeit in einem Topf erwärmen. Abtropfen lassen und dann unter das Couscous heben.
- Couscous mit einer Gabel auflockern und auf eine Platte geben. Möhren und Tomaten darauf anrichten. Kräuter abspülen, trocken schütteln, fein hacken und über den Couscous streuen. Dazu schmeckt Knoblauch-Joghurt.

Tipp

Eine gute Alternative zu Cranberries sind Berberitzen. Sie sind oft in Bio-Läden oder an Gewürzständen auf dem Markt zu bekommen. Sie geben dem Couscous noch einen leicht säuerlichen Geschmack und sind typisch für das Rezept. Übrigens sind Berberitzen mit Sanddorn verwandt, beides sind saure Vitamin C-haltige Früchtchen.

Kräuter-Crespelle

Mit Porree, Gorgonzola und Ei gefüllt, werden die Pfannkuchen aufgerollt, in milder Béchamelsauce und mit Mozzarella gebacken. Köstlich!

ZUTATEN

4 Portionen

FÜLLUNG

1 Bio-Zitrone
2 Stangen Porree
2 EL Butter
150 g Gorgonzola-Käse
2 Eier
Salz
frisch gemahlener Pfeffer
frisch geriebene Muskatnuss

TEIG

je 1 Bund Estragon und glatte Petersilie
2 Eier
175 ml Milch
2 EL Olivenöl
100 g Mehl
1 EL Butter zum Braten

SAUCE

15 g Butter
15 g Mehl
75 ml Gemüsebrühe
175 ml Milch
etwas Zitronensaft
125 g Mozzarella-Käse zum Überbacken
evtl. Kräuterblättchen zum Belegen

Fertig in
1 Stunde 30 Minuten

Pro Portion
ca. 630 kcal, E 28 g, F 45 g, KH 28 g

FÜR DIE FÜLLUNG

— Zitrone heiß abspülen, trocken tupfen und die Schale fein abreiben. Den Porree putzen, abspülen und in Ringe schneiden. Butter in einem Topf erhitzen und den Porree darin kurz glasig dünsten. Leicht abkühlen lassen und mit zerbröckeltem Gorgonzola, etwas abgeriebener Zitronenschale und den Eiern verrühren. Die Füllung mit Salz, Pfeffer, Muskat und Zitronenschale abschmecken und beiseitestellen.

FÜR DEN TEIG

— Die Kräuter abspülen, trocken schütteln und fein hacken. Kräuter, Eier, Milch und Olivenöl miteinander verquirlen. Mehl und ½ TL Salz nach und nach unterrühren. In einer mit geschmolzener Butter ausgestrichenen Pfanne aus dem Teig nacheinander 8 dünne Pfannkuchen backen.

— Den Backofen auf 180 Grad, Umluft 160 Grad, Gas Stufe 3 vorheizen.

FÜR DIE SAUCE

— Butter in einem Topf zerlassen und das Mehl darin unter Rühren andünsten, bis es Blasen wirft. Brühe und Milch unter ständigem Rühren dazugießen und etwa 5 Minuten bei kleiner Hitze kochen lassen. Mit Salz, Pfeffer und Zitronensaft abschmecken.

— Den Boden einer Auflaufform mit etwas Sauce bestreichen. Die Füllung auf die Pfannkuchen geben, aufrollen und mit der Naht nach unten in die Form legen. Restliche Sauce über die Pfannkuchenrollen gießen.

— Mozzarella abtropfen lassen, in sehr dünne Scheiben schneiden und darauflegen. Eventuell mit ein paar Kräuterblättchen belegen. Die gefüllten Crespelle im vorgeheizten Ofen etwa 30 Minuten goldbraun überbacken.

Tipps

Statt Gorgonzola Ziegenfrischkäse in die Füllung geben.

Die Kräuterpfannkuchen schmecken auch ohne Füllung. Oder sie werden aufgerollt, in Scheiben geschnitten und als »Flädle« in Tomaten- oder Gemüsesuppe serviert. Sie lassen sich auch gut einfrieren.

Zwiebeltorte

Unkomplizierter Quark-Öl-Teig, üppig mit herzhaftem Zwiebel-Schmand gebacken. Schmeckt am besten ganz frisch mit Blattsalat

ZUTATEN

10 Stücke

TEIG

175 g Magerquark
7 EL Öl
7 EL Milch
Salz
280 g Mehl
2 TL Backpulver
Mehl zum Ausrollen
Fett für die Form

FÜLLUNG

1 kg Gemüsezwiebeln
1 EL Butterschmalz
1 TL geräuchertes Paprikapulver
1 Bund glatte Petersilie
3–4 Zweige Thymian (oder 1–2 TL getrockneter Thymian)
1–2 TL Kümmelsaat
feines Salz
frisch gemahlener Pfeffer
125 g Schmand
250 g saure Sahne
4 Eier
2 Eigelb

Fertig in
2 Stunden 10 Minuten

Pro Stück
ca. 340 kcal, E 11 g,
F 20 g, KH 28 g

Dazu grüner Salat

FÜR DEN TEIG

- Quark in einem Sieb abtropfen lassen. Quark, Öl, Milch und ½ TL Salz verrühren. Mehl und Backpulver mischen, die Hälfte mit den Knethaken des Handrührers, den Rest mit den Händen unter den Quark kneten.
- Den Teig auf einer bemehlten Arbeitsfläche zu einem Fladen (Ø 30 cm) ausrollen. Eine Springform (Ø 24 cm) ausfetten, den Teig hineingeben und an den Rändern fest andrücken. Teig am Boden mit einer Gabel mehrmals einstechen.
- Den Backofen auf 180 Grad, Umluft 160 Grad, Gas Stufe 3 vorheizen.

FÜR DIE FÜLLUNG

- Die Zwiebeln abziehen und in Streifen schneiden. Das Butterschmalz in einem Topf erhitzen und die Zwiebelstreifen darin bei mittlerer bis kleiner Hitze etwa 20 Minuten andünsten, dabei mit Paprika würzen.
- Petersilie und Thymian abspülen, trocken schütteln und die Blättchen abzupfen. Kräuter fein hacken und zusammen mit dem Kümmel unter die Zwiebeln rühren. Kräftig mit Salz und Pfeffer würzen. Etwas abkühlen lassen.
- Schmand, saure Sahne, Eier und Eigelb gut verrühren. Die Zwiebelmischung kurz in einem Sieb abtropfen lassen, damit die Füllung nicht zu feucht wird, und auf den Teigboden geben. Den Guss darübergießen.
- Im Ofen etwa 60–70 Minuten goldbraun backen, eventuell nach der Hälfte der Zeit mit Backpapier abdecken, damit die Zwiebeltorte nicht zu dunkel wird. Vor dem Anschneiden etwa 15 Minuten im ausgeschalteten Ofen bei offener Backofentür stehen lassen. Schmeckt kalt oder warm.

Tipps

Das Rezept klappt auch mit Porree.

Wer mag, streut zusätzlich noch geriebenen Käse (Gouda oder Emmentaler) darüber.

Gemüse-Curry

Wunderbar exotisch: Brokkoli, Möhren, Champignons und Tofu in Curry-Kokosmilch. Mango und Erdnüsse kann sich jeder selbst nach Belieben darüberstreuen

ZUTATEN
4 Portionen

1 kleine Gemüsezwiebel
250 g Brokkoli
1 kleines Bund Möhren
100 g kleine Champignons
1 Knoblauchzehe
200 g Tofu (natur)
1–2 EL Butterschmalz
1–2 EL mildes Currypulver
400 ml Kokosmilch (Dose)
¼ l Gemüsebrühe
Salz
evtl. etwas heller Saucenbinder
½ Bund Koriander
60 g Mungobohnensprossen
1 kleine Mango
45 g Erdnusskerne

Fertig in 50 Minuten

Pro Portion
ca. 490 kcal, E 17 g, F 35 g, KH 25 g

Vegan

– Gemüsezwiebel abziehen und in Würfel schneiden. Brokkoli putzen, abspülen und in Röschen teilen. Möhren putzen, schälen und je nach Größe schräg in etwa 2 cm große Stücke schneiden. Große Möhren vorher längs halbieren. Champignons putzen und je nach Größe eventuell halbieren. Knoblauch abziehen und fein hacken. Tofu abtropfen lassen und würfeln.

– Das Butterschmalz in einer großen Pfanne erhitzen. Knoblauch und Currypulver darin unter Wenden andünsten. Das Gemüse dazugeben und unter Wenden anbraten.

– Kokosmilch und die Brühe dazugießen. Zugedeckt bei mittlerer Hitze etwa 8–10 Minuten kochen lassen, bis das Gemüse knapp gar ist. Wenn die Sauce sehr dünnflüssig ist, eventuell noch etwas Saucenbinder in die kochende Currysauce streuen.

– Den Tofu dazugeben und erhitzen. Mit Salz und Currypulver abschmecken.

– Koriander abspülen, trocken schütteln und die Blättchen von den Stielen zupfen. Mungobohnensprossen in ein Sieb geben und mit kochendem Wasser übergießen. Mango schälen und das Fruchtfleisch vom Stein schneiden. Etwa 200 g Mango in kleine Würfel schneiden.

– Koriander, Sprossen, Mangowürfel und Erdnüsse zum Curry reichen und je nach Belieben darüberstreuen oder untermischen. Dazu passt Basmati-Reis.

Tipp

Unterschiedliche Gewürze und Gemüse können Currys immer wieder abwandeln: Zitronengras, Kaffir-Limettenblätter und zum Abschmecken Currypaste machen es thailändisch; mit Chinakohl oder Pak-Choi, Chili und Sojasauce bekommt es den China-Touch; und indisch wird's mit noch mehr scharfem Currypulver.

Gemüse

MIT KÄSEFÜLLUNG

Lässt sich super vorbereiten: In kräftiger Oliven-Tomatensauce mit milder Senf-Frischkäse-Füllung gart das Gemüse entspannt im Ofen

ZUTATEN
4 Portionen

2 kleine Gemüsezwiebeln
2 Fleisch- oder 4 normale Tomaten
2 Kohlrabi
Salz
200 g Kartoffeln
1 Knoblauchzehe
3 EL Olivenöl
150 g Kräuterfrischkäse
2 EL körniger Senf
2 Eigelb
feines Meersalz
frisch gemahlener Pfeffer
100 g entsteinte schwarze Oliven
2–3 EL Tomatenmark
Zucker
50 g Gruyère-Käse

Fertig in
1 Stunde 30 Minuten

Pro Portion
ca. 420 kcal, E 16 g, F 29 g, KH 23 g

Dazu Kartoffelpüree oder Reis

— Die Zwiebeln schälen. Tomaten abspülen und den Stielansatz herausschneiden. Kohlrabi schälen. Von den vorbereiteten Gemüsen je einen Deckel abschneiden, sodass die Öffnung groß genug zum Füllen ist. Das Innere der Gemüse, bis auf einen etwa 1 cm dicken Rand, mit einem scharfen Löffel oder einem Kugelausstecher aushöhlen und für später aufheben.

— Kohlrabi in reichlich kochendem Salzwasser etwa 10 Minuten vorkochen. Herausnehmen und auch die Zwiebeln im Kochwasser 2 Minuten vorkochen und mit einer Schaumkelle herausnehmen.

— Inzwischen die Kartoffeln schälen, abspülen und fein würfeln. Das ausgelöste Gemüsefleisch aus dem Inneren und die Deckel getrennt fein würfeln. Tomatenwürfel und -kerne extra beiseitestellen. Knoblauch abziehen und fein würfeln.

— 1 EL Öl in einem Topf erhitzen, Kartoffeln, Kohlrabi-Inneres und ⅓ der Zwiebelwürfel darin anbraten. Zugedeckt etwa 10 Minuten weich schmoren. Mit einem Kartoffelstampfer etwas zerdrücken. Frischkäse, Senf und Eigelb verquirlen und unter die gestampfte Gemüsemischung heben. Mit Salz und Pfeffer würzen und in die vorbereiteten Gemüsehälften füllen. Oliven hacken.

— Den Backofen auf 180 Grad, Umluft 160 Grad, Gas Stufe 3 vorheizen.

— Restliches Öl in einer Pfanne erhitzen und die restlichen Zwiebelwürfel darin anbraten. Tomatenwürfel und -kerne, Tomatenmark und 5 EL Wasser dazugeben und bei kleiner Hitze etwa 5 Minuten schmoren lassen. Die Hälfte der Oliven dazugeben und mit Salz, Pfeffer und einer Prise Zucker abschmecken.

— Die Sauce in eine Auflaufform geben und das Gemüse hineinsetzen. Gruyère reiben und zusammen mit den restlichen Oliven darüberstreuen. Im Backofen etwa 30–40 Minuten schön goldbraun backen.

Tipp

Rote Bete, Auberginen, Zucchini – viele Gemüse können so gefüllt werden. Je fester ihre Struktur, desto länger muss man sie vorgaren.

Artischocken-Börek

MIT KNOBLAUCHSAUCE

Auflauf auf türkisch: hauchdünne Strudelblätter mit Spinat, Ei, zweierlei Käse und Artischocken geschichtet, im Ofen knusprig gebacken

ZUTATEN
20 Stücke

BÖREK
600 g TK-Blattspinat
2 Dosen in Öl marinierte Artischockenherzen (à Abtropfgewicht 160 g)
1 rote Zwiebel (100 g)
400 g Schafkäse
50 g Parmesan-Käse
5 Bio-Eier (Größe M)
gerebelter Majoran
Sumach (oriental. Gewürz)
Salz
frisch gemahlener weißer Pfeffer
1 Paket Yufka-/Filo-Teig (3 Blätter; 480 g)
2–3 EL Olivenöl zum Bestreichen
1 EL Sesamsaat

SAUCE
3–4 Knoblauchzehen
2 EL Olivenöl
300 g Naturjoghurt (3,5 % Fett)
1 Becher Schmand (200 g)

Fertig in 1 Stunde

Pro Stück
ca. 295 kcal, E 12 g, F 17 g, KH 22 g

— Den Backofen auf 200 Grad, Umluft 180 Grad, Gas Stufe 4 vorheizen.

FÜR DAS BÖREK

— Aufgetauten Spinat gut ausdrücken und auseinanderpflücken. Die Artischocken abgießen, die Ölmarinade dabei auffangen. Artischocken abtropfen lassen und fein hacken. Zwiebel abziehen und fein würfeln.

— Schafkäse grob zerkrümeln. Parmesan fein reiben. Eier aufschlagen, verquirlen und mit Majoran, Sumach, Salz und Pfeffer würzen. Spinat, Artischocken, 2–3 EL Artischockenmarinade, Zwiebelwürfel, beide Käsesorten, gewürzte Eier und 1 TL Salz mit den Fingern gründlich vermischen.

— Die Yufkateigplatten vorsichtig auseinanderziehen. Die Fettpfanne des Backofens so mit 2 Teigplatten auslegen, dass rundherum ein etwa 10 cm breiter Teigrand überhängt. Die Teigblätter mit Olivenöl bestreichen.

— Füllung in der mit Teig ausgelegten Fettpfanne verteilen und glatt streichen. Restliches Teigblatt auf die Füllung legen, mit Öl bestreichen. Teigränder zur Mitte klappen, mit Öl bestreichen und mit Sesam bestreuen. Die oberen Teigblätter mit einem scharfen Messer in Quadrate oder Rauten schneiden. Im vorgeheizten Backofen auf der unteren Schiene 25–30 Minuten goldgelb backen.

FÜR DIE SAUCE

— Den Knoblauch abziehen, fein würfeln und in einer kleinen Pfanne in 2 EL Olivenöl bei mittlerer Hitze goldbraun braten. ½ TL Sumach unterrühren und abkühlen lassen. Das Knoblauch-Öl, Joghurt und Schmand verrühren und mit Salz würzen.

— Börek in Stücke schneiden und zusammen mit der Knoblauchsauce anrichten.

Grillkäse-Burger

Frische Kräutersauce mit Knoblauch, Grillkäse und gebratene Peperoni zwischen knusprigem Baguette. Mund auf, Augen zu und genießen!

ZUTATEN

4 Stück

SAUCE

1 Bund glatte Petersilie
3 Zweige Basilikum
6 Knoblauchzehen
1 TL Paprikapulver (rosenscharf)
1 TL Salz
Pfeffer
½ TL frisch gemahlener Chili
1 TL gerebelter Oregano
1 EL Tomatenmark
2 EL Olivenöl
1 EL Weißweinessig
100 ml Öl (z. B. Sonnenblumenöl)

BURGER

4–6 rote Peperoni oder Spitzpaprika
250 g Grillkäse (z. B. Halloumi)
1 dünnes Flute-Baguette

Fertig in 30 Minuten

Pro Stück
ca. 350 kcal, E 9 g,
F 21 g, KH 31 g

FÜR DIE SAUCE

- Kräuter kalt abspülen und trocken schütteln. Die Blätter von den Stielen zupfen und hacken. Die Knoblauchzehen abziehen und fein hacken.
- Alle Zutaten verrühren und 100 ml heißes Wasser dazugeben.

FÜR DIE BURGER

- Peperoni abspülen, längs halbieren und entkernen. Käse in 1 cm dicke Scheiben schneiden. Peperoni und Käse auf dem Grill oder in einer Grillpfanne in wenig Olivenöl von jeder Seite 2 Minuten braten. Flute-Baguette in 4 Stücke schneiden, aufschneiden und im Toaster oder auf dem Grill rösten.
- Käse und Peperoni heiß zwischen die gerösteten Brothälften legen und mit reichlich Kräutersauce beträufeln. Sofort servieren.

Info

Die Sauce haben wir auf Vorrat zubereitet! Für die 4 Burger brauchen Sie nur die Hälfte, der Rest hält sich mindestens 2 Wochen im Kühlschrank – für die nächste Burger-Runde.

Gebratener Tofu

MIT ZUCCHINI-MÖHREN-SALAT

Wunderbar vegan: Der Tofu mariniert in süß-scharfer Sojasauce mit Limettensaft, das Gemüse wird im Ingwersud aromatisiert

ZUTATEN

4 Portionen

100 g frischer Ingwer
100 ml Reisessig
4 EL Zucker

TOFUWÜRFEL

1 Knoblauchzehe
1 grüne Chilischote
4 EL Limettensaft (frisch gepresst)
2 EL Sojasauce
1 EL brauner Zucker
400 g Tofu natur

GEMÜSESALAT

je 350 g Zucchini und Möhren
4 EL Sonnenblumenkerne
5–6 EL Sonnenblumenöl
Meersalz
frisch gemahlener Pfeffer
100 g Ciabatta-Brot

Fertig in 1 Stunde

Pro Portion
ca. 555 kcal, E 24 g,
F 34 g, KH 38 g

Vegan

— Ingwer schälen und in hauchdünne Scheiben schneiden. Essig, Zucker und 100 ml Wasser aufkochen und die Ingwerscheiben darin etwa 5 Minuten kochen. Ingwerscheiben im Sud abkühlen lassen.

FÜR DIE TOFUWÜRFEL

— Knoblauch abziehen und grob zerdrücken. Chilischote putzen, abspülen und fein hacken (am besten mit Küchenhandschuhen arbeiten). Knoblauch, Chili, Limettensaft, Sojasauce und braunen Zucker zu einer Marinade verrühren. Tofu in kleine Würfel schneiden und in der Marinade etwa 30 Minuten ziehen lassen.

FÜR DEN GEMÜSESALAT

— Zucchini und Möhren putzen, abspülen und in lange dünne Scheiben schneiden oder mit einem Sparschäler Streifen abziehen. Sonnenblumenkerne in einer Pfanne ohne Fett goldbraun anrösten. Abkühlen lassen.

— Gemüsestreifen auf eine Platte legen. Einige Ingwerscheiben aus dem Sud nehmen und daraufgeben. Geröstete Sonnenblumenkerne darüberstreuen. Das Gemüse mit 2 EL Öl und 3–4 EL vom Ingwersud beträufeln, salzen und pfeffern.

— Das Brot in sehr dünne Scheiben schneiden. 2 EL Öl in einer Pfanne erhitzen und die Brotscheiben darin portionsweise goldbraun braten. Mit etwas Salz bestreuen.

— Das restliche Öl in einer Pfanne erhitzen. Tofuwürfel aus der Marinade nehmen, etwas abtropfen lassen und in der heißen Pfanne knusprig braten. Über den Salat streuen und sofort servieren.

Quesadillas

MIT SPARGEL-SALSA

Sandwich auf mexikanisch: Die überbackenen Teigfladen mit Spargel-Kräuter-Käse-Füllung am besten direkt von der Hand in den Mund genießen

ZUTATEN

4 Portionen

SPARGEL-SALSA

2 Tomaten
1 Bund Schnittlauch
500 g weißer Spargel
1 EL Olivenöl
1 EL Zitronensaft
Salz
¼ TL Chilipulver

QUESADILLAS

500 g grüner Spargel
1 EL Olivenöl
½ rote Zwiebel
½ Bund Basilikum
1–2 rote Peperoni
150 g Gouda-Käse
8 Weizen-Tortillas (Ø 20 cm; 1 Packung, 320 g)
4 EL Butter
100 g Ziegenfrischkäse

Fertig in 50 Minuten

Pro Portion
ca. 595 kcal, E 22 g, F 37 g, KH 44 g

FÜR DIE SPARGEL-SALSA

— Tomaten abspülen, putzen, entkernen und das Fruchtfleisch fein würfeln. Schnittlauch abspülen, trocken schütteln und in feine Röllchen schneiden. Weißen Spargel schälen, die Enden knapp abschneiden und den Spargel fein würfeln. Tomaten, Schnittlauch, Spargel, Olivenöl, Zitronensaft, Salz und Chili mischen und kurz marinieren lassen.

FÜR DIE QUESADILLAS

— Den grünen Spargel abspülen, nur am unteren Drittel schälen und die Enden abschneiden. Spargelstangen einmal durchschneiden und längs in dünne Scheiben schneiden. Olivenöl in einer Pfanne erhitzen und die vorbereiteten Spargelstücke darin kurz anbraten.

— Rote Zwiebel abziehen und in sehr dünne Scheiben schneiden oder hobeln. Basilikum abspülen, trocken schütteln und in grobe Stücke zupfen. Peperoni putzen, abspülen und in dünne Ringe schneiden. Gouda in dünne Scheiben schneiden.

— Den Backofen auf 200 Grad, Umluft 180 Grad, Gas Stufe 4 vorheizen.

— Alle Tortillas von einer Seite mit Butter bestreichen. Die Hälfte der Tortillas auf der ungebutterten Seite mit Frischkäse bestreichen. Mit Spargel, Basilikum, Peperoni und Käse belegen. Die restlichen Tortillas so darauflegen, dass die Butterseite oben ist.

— Auf mit Backpapier ausgelegte Backbleche legen und nacheinander im Backofen etwa 5–7 Minuten backen. Die Quesadillas eventuell vierteln und zusammen mit der Spargel-Salsa servieren. Schmeckt am besten warm.

Info

Wer keinen Ziegenkäse mag, kann ihn durch Doppelrahmfrischkäse ersetzen.

Paprika-Quinoa-Burger

Lauter besondere Zutaten, und drum herum ein Laugenbrötchen – da sage noch einer, alle Burger schmecken gleich!

ZUTATEN
6 Stück

150 g Quinoa
1 rote Chilischote
feines Meersalz
je 3 EL gemahlene Mandeln und Semmelbrösel
4 weiche Laugenbrötchen
50 g Raukesalat
120 g abgetropfte geröstete Paprikaschoten (aus dem Glas)
200–250 g Schmand
1 TL geräuchertes Paprikapulver
60 g entsteinte grüne Oliven
20 g Sultaninen
2 Eier
frisch gemahlener Pfeffer
1 Aubergine
3 EL Butterschmalz oder 3 EL Pflanzenöl

Fertig in 50 Minuten

Pro Stück
ca. 450 kcal, E 12 g, F 24 g, KH 46 g

— Quinoa in einem Sieb abspülen. Chili abspülen, aufschneiden und zusammen mit Quinoa in 350 ml Salzwasser nach Packungsanweisung garen.

— Mandeln und Semmelbrösel in einer Pfanne ohne Fett kurz anrösten, sie werden aromatischer. Die Brötchen jeweils 2-mal waagerecht durchschneiden, sodass 12 Brötchenteile entstehen. Salat putzen, abspülen und trocken schleudern.

— Eingelegte Paprika gut abtropfen lassen, fein hacken und 2 EL davon beiseitestellen. Restliche Paprika, Schmand und Paprikapulver verrühren.

— Oliven und Rosinen sehr fein würfeln. Quinoa abkühlen lassen und die Chilischote entfernen. Quinoa, Oliven und Rosinen verrühren und abkühlen lassen. Eier, Mandeln und Semmelbrösel unterrühren. Mit Salz und Pfeffer würzen. Aus der Masse mit angefeuchteten Händen etwa 6 glatte Frikadellen formen.

— Aubergine mit einem Sparschäler schälen, in etwa ½ cm dicke Scheiben schneiden und mit Salz und Pfeffer würzen. 1 EL Butterschmalz erhitzen und die Auberginenscheiben darin goldbraun braten. Herausnehmen.

— Restliches Butterschmalz in der Pfanne erhitzen, die Quinoa-Frikadellen darin von jeder Seite etwa 3–4 Minuten bei mittlerer Hitze (nicht zu heiß) goldbraun braten. Dabei mit zwei Bratenwendern vorsichtig wenden, damit sie nicht zerfallen.

— Brötchenscheiben toasten. Mit der Paprikacreme bestreichen und mit den restlichen vorbereiteten Zutaten belegen. Sofort servieren.

Estragon-Tomaten

AUF SCHWARZEM REIS

Geschmort mit Zucker und Zitrone schmecken die Tomaten herrlich aromatisch, dazu Piemont-Reis und Sahnesauce – der Sommerhit

ZUTATEN
3 Portionen

200 g schwarzer Piemont Bio-Reis
Salz
750 g Roma-Tomaten
2 Schalotten
20 g Butter oder 1 TL Olivenöl
1–2 TL grobes Meersalz
1 Zitrone
Zucker
2 Zweige frischer Estragon
100 g Schlagsahne oder Sojasahne

- Reis nach Packungsanweisung in gesalzenem Wasser kochen.
- Tomaten kreuzweise einritzen, mit kochendem Wasser überbrühen, unter kaltem Wasser abspülen und die Haut abziehen.
- Schalotten abziehen, halbieren, fein würfeln. Schalottenwürfel in heißer Butter glasig dünsten. Tomaten dazugeben, salzen, mit 1–2 EL Zitronensaft beträufeln und etwas Zucker darüberstreuen. Bei kleiner Hitze 12–15 Minuten schmoren.
- Estragon abspülen, trocken schütteln und klein schneiden. Kurz vor Ende der Schmorzeit auf die Tomaten geben.
- Die abgekühlten Tomaten aus dem Schmorsud nehmen und zusammen mit dem Reis anrichten. Schmorsud und Sahne verrühren und über die Tomaten gießen.

Ohne Wartezeit fertig in 40 Minuten

Pro Portion
ca. 435 kcal, E 8 g, F 17 g, KH 62 g

Butter durch Olivenöl und Schlagsahne durch Sojasahne ersetzen

Info

Dazu schmecken Spieße aus Grillkäsewürfeln, Thymian und Zucchini.

Zucchini-Blaubeer-Flammkuchen

Ja, Sie lesen (und sehen) richtig: Auf den Zucchinischeiben liegen Blaubeeren. Wie das schmeckt? Leicht fruchtig, super saftig – einfach herrlich

ZUTATEN

2 Portionen

TEIG

240 g Dinkelmehl (Type 630)
1–2 EL Olivenöl
1 TL Salz
Mehl zum Ausrollen

BELAG

7 Zweige Rosmarin
300 g Zucchini
125 g Blaubeeren
25 g Parmesan-Käse
100 g Doppelrahmfrischkäse
frisch gemahlener Pfeffer
1 EL Olivenöl zum Beträufeln

Ohne Wartezeit fertig in 50 Minuten

Pro Portion
ca. 785 kcal, E 25 g, F 35 g, KH 92 g

Dazu grüner Salat

FÜR DEN TEIG

- Mehl, Öl, Salz und 135 ml Wasser in einer Schüssel zunächst mit den Knethaken des Handrührers, dann mit den Händen zu einem glatten Teig verkneten. Teig in Folie gewickelt etwa 1 Stunde ruhen lassen (wenn's schnell gehen muss, kann er auch gleich verarbeitet werden).
- Den Teig in zwei Portionen teilen und jede Portion auf wenig Mehl zu einem ovalen Fladen ausrollen. Auf 2 mit Backpapier ausgelegte Backbleche legen.
- Den Backofen auf 240 Grad, Umluft 220 Grad, Gas Stufe 6 vorheizen.

FÜR DEN BELAG

- Rosmarin abspülen, etwa 2 Zweige davon fein hacken, den Rest beiseitelegen. Zucchini abspülen, putzen und längs in dünne Scheiben schneiden. Blaubeeren verlesen, abspülen und trocken tupfen. Parmesan fein reiben.
- Die beiden Teigfladen mit Frischkäse bestreichen. Gehackten Rosmarin und die Hälfte vom Parmesan darüberstreuen. Die Zucchinischeiben darauflegen, Blaubeeren und den restlichen geriebenen Parmesan darüberstreuen. Restliche Rosmarinzweige darauflegen und mit Salz und Pfeffer würzen.
- Den Backofenrost umgedreht auf den Backofenboden legen. Die Backbleche nacheinander auf den Rost stellen und die Fladen etwa 12 Minuten knusprig backen. Herausnehmen, mit Olivenöl beträufeln und sofort servieren.

Tarte

MIT GEGRILLTEM GEMÜSE

Überraschung: Zwischen buntes Gemüse der Saison und knusprigen Mürbeteig kommt eine würzige Paste aus roten Linsen und Paprika

ZUTATEN

12 Stücke

LINSENPASTE

250 g rote Linsen
2 Knoblauchzehen
etwa 100 g Ajvar (mild gewürzte Paprikapaste)
Salz
frisch gemahlener Pfeffer
2–3 EL Zitronensaft

TEIG

250 g Mehl
100 g kalte Butter
1 Ei
3 Stängel Thymian
Mehl zum Ausrollen

BELAG

1 große rote Zwiebel
1 gelbe Paprikaschote
200 g Kirschtomaten
150 g grüner Spargel
75 g Zuckerschoten
2–3 EL gutes Olivenöl
Piment d'Espelette oder Edelsüß-Paprikapulver
evtl. frisches Basilikum zum Bestreuen

Fertig in 1 Stunde

Pro Stück
ca. 240 kcal, E 9 g, F 10 g, KH 28 g

FÜR DIE LINSENPASTE

- Linsen in einem Sieb kurz abspülen. Knoblauch abziehen, vierteln und zusammen mit den Linsen in 450 ml Wasser etwa 10–15 Minuten kochen lassen. Linsen und Knoblauch mit dem Stabmixer zu einer feinen Paste pürieren (nächste Seite, Foto 1–2). Ajvar unterrühren und mit Salz, Pfeffer und Zitronensaft abschmecken.

FÜR DEN TEIG

- Mehl in eine Schüssel geben. Butterflöckchen, Ei, ½ TL Salz, abgezupften Thymian und 4–5 EL kaltes Wasser dazugeben. Zunächst mit den Knethaken des Handrührers, dann mit den Händen zu einem glatten Teig verarbeiten. Teig abgedeckt kalt stellen.

- Den Backofen auf 200 Grad, Umluft 180 Grad, Gas Stufe 4 vorheizen.

FÜR DEN BELAG

- Zwiebel schälen und in schmale Spalten schneiden. Paprika vierteln, Kerne und Trennwände entfernen, das Fruchtfleisch abspülen und in Streifen schneiden. Kirschtomaten abspülen und halbieren. Spargel abspülen und nur am unteren Drittel schälen. Enden knapp abschneiden. Spargelstangen längs halbieren und in etwa 2 cm lange Stücke schneiden. Zuckerschoten abspülen, eventuell putzen und schräg in Streifen schneiden (Foto 3).

- Zwiebelspalten, Paprikaschote und etwa ½ EL Olivenöl mischen, dann auf einem Backblech verteilen (Foto 4). Im Ofen etwa 10 Minuten rösten. Restliches Gemüse und das restliche Öl mischen und zum Gemüse auf das Backblech geben (Foto 5).

Tipp

Je nach Saison können Sie das Gemüse nehmen, was gerade frisch auf dem Markt zu haben ist.

1

2

3

4

5

6

7

8

9

Mit Salz und Pfeffer würzen und weitere 5 Minuten im Ofen rösten, bis das Gemüse knapp gar ist. Herausnehmen und warm stellen.

- Teig nochmals kurz mit den Händen geschmeidig kneten und auf wenig Mehl zu einem großen, etwa 2 mm dicken Fladen ausrollen (Foto 6). Den Teig auf ein mit Backpapier ausgelegtes Backblech legen (Foto 7), mit einer Gabel mehrmals einstechen und sofort nach dem Gemüse im heißen Ofen etwa 10 Minuten backen, bis der Teig gar ist.
- Den Teigfladen herausnehmen und mit etwa der Hälfte der Linsenpaste bestreichen (Foto 8). Das gebackene Gemüse darauf verteilen und mit etwas Piment d'Espelette bestreuen. Die Tarte nochmals im Ofen etwa 5–8 Minuten backen.
- Eventuell mit frischem Basilikum bestreuen. Restliche Linsenpaste als Dip dazureichen.

Dreierlei neue Kartoffeln

MIT SAUERAMPFER-RAHM

Das Knollen-Trio – von klassisch, leicht nussig bis weniger süßlich – können Sie auch nur durch festkochende Kartoffeln ersetzen

ZUTATEN

4 Portionen

KARTOFFELN

je 300 g gleich große Kartoffeln (z. B. Trüffelkartoffeln, Bamberger Hörnchen und Laura)
Salz

SAUERAMPFER-RAHM

150 g Salatspinat
150 g Sauerampfer
2 Schalotten
1 junge Knoblauchzehe
40 g Butter oder Öl
50 g Mehl
500 ml kräftige Gemüsebrühe
100 g saure Sahne oder Sojasahne
frisch gemahlener Pfeffer
½ Zitrone
1 Prise Zucker

Fertig in 40 Minuten

Pro Portion
ca. 300 kcal, E 8 g,
F 12 g, KH 40 g

Wenn's vegan sein soll, Butter durch Öl und saure Sahne durch Sojasahne ersetzen

FÜR DIE KARTOFFELN

- Die Knollen unter fließendem kaltem Wasser gründlich abbürsten und in Salzwasser 20 Minuten gar kochen. Abgießen und gut abdampfen lassen.

FÜR DEN SAUERAMPFER-RAHM

- Die Spinat- und die Sauerampferblätter eventuell verlesen und abspülen. Ein paar Blätter für die Deko beiseitelegen.
- Schalotten und Knoblauch abziehen, halbieren und fein würfeln. Die Butter erhitzen und die Schalotten- und Knoblauchwürfel darin glasig dünsten. Spinat und Sauerampfer tropfnass dazugeben und im geschlossenen Topf schnell zusammenfallen lassen. Aus dem Topf nehmen und hacken.
- Schalottenwürfel und das restliche Fett im Topf mit dem Mehl bestäuben. Unter ständigem Rühren nach und nach die Brühe dazugießen. Diese Sauce bei kleiner Hitze etwa 5 Minuten gerade eben kochen lassen. Gelegentlich umrühren.
- Spinat- und Sauerampferblätter und saure Sahne in die Sauce geben und alles kurz mit dem Stabmixer pürieren. Nicht mehr kochen lassen und mit Salz, Pfeffer, etwas Zitronensaft und Zucker abschmecken. Die Sauce zu den Kartoffeln servieren und mit den restlichen zurückgelegten Blättern bestreuen.

Achtung

Nicht wundern: Sauerampfer wird beim Kochen sehr schnell braun, Spinat dagegen hält die Farbe besser.

Gefüllte Spitzpaprika

Aus Aladins Ofen mit einer Mischung aus Nudeln, Feta und Walnüssen, leicht orientalisch gewürzt und mit Sesam-Kichererbsen-Püree

ZUTATEN

3 Portionen

PAPRIKASCHOTEN

100 g Kritharaki (Nudeln in Reisform)
Salz
3 rote Spitzpaprikaschoten
150 g Feta-Schafkäse
30 g Walnusskerne
½ Bund glatte Petersilie
1 TL eingelegte grüne Pfefferkörner
2 EL Olivenöl
½ TL Sumach (siehe Tipp; ersatzweise Zitronensaft)
Fett für die Form

PÜREE

1 Dose Kichererbsen (265 g Abtropfgewicht)
¼ l Gemüsebrühe
1 EL Tahini (Sesampaste, gibt's im Reformhaus oder im Bio-Laden)
½ Limette

Fertig in
1 Stunde 10 Minuten

Pro Portion
ca. 550 kcal, E 26 g, F 28 g, KH 47 g

Dazu Tortilla-Brot

FÜR DIE PAPRIKASCHOTEN

— Nudeln nach Packungsanweisung etwa 12–14 Minuten in reichlich Salzwasser kochen. In ein Sieb gießen, kalt abspülen und gut abtropfen lassen.

— Paprika längs halbieren, entkernen, abspülen und trocken tupfen. Die Hälften nebeneinander in eine flache gefettete Auflaufform legen.

— Käse grob auf der Rohkostreibe raffeln oder mit einer Gabel zerdrücken. Nüsse grob hacken. Petersilie abspülen, trocken schütteln und die Blätter fein hacken. Pfefferkörner ebenfalls fein hacken.

— Den Backofen auf 180 Grad, Umluft 160 Grad, Gas Stufe 3 vorheizen.

— Nudeln, Käse, Nüsse, Petersilie, grünen Pfeffer, Öl und Sumach mischen. In die Paprika füllen. Alles etwa 35–40 Minuten im Ofen backen.

FÜR DAS PÜREE

— Kichererbsen gut abtropfen lassen und in der Brühe 10 Minuten kochen. Etwas abkühlen lassen und in der Brühe mit dem Stabmixer fein pürieren. Das Püree durch ein Sieb streichen, mit Tahini verrühren und mit Salz und Limettensaft abschmecken.

— Das Kichererbsenpüree zusammen mit den überbackenen Paprikaschoten servieren.

Tipp

Sumach ist ein rötliches, etwas sauer schmeckendes Gewürz, das aus den Früchten des Gerberbaumes hergestellt wird. Gibt's im türkischen Supermarkt. Das Gewürz eignet sich für alle orientalischen Gerichte und gibt ihnen eine besondere Note.

Röstkartoffeln

MIT WOK-GEMÜSE

Ein Hauch Asien: kurz gebratener Spargel, Pak Choi, Fenchel und Paprika mit feiner Sesamnote – plus knusprig frittierte Kartoffelwürfel

ZUTATEN
2 Portionen

600 g festkochende Kartoffeln
150 g Thai-Spargel oder grüner Spargel
150 g Baby-Pak-Choi oder Chinakohl
1 kleiner Fenchel
1 grüne Paprikaschote
500 g Butterschmalz oder Pflanzenöl
2 EL Erdnussöl
Salz
1 EL geröstetes Sesamöl
1 EL Wok-Sauce pikant-süß
1/8 l Gemüsebrühe

Fertig in 55 Minuten

Pro Portion
ca. 570 kcal, E 11 g, F 39 g, KH 43 g

Butterschmalz durch Pflanzenöl ersetzen

- Die Kartoffeln schälen, gut abspülen und in etwa ½ cm große Würfel schneiden.
- Gemüse putzen, abspülen und gut abtropfen lassen. Dabei vom Spargel nur die Enden abschneiden. Den Pak-Choi halbieren. Fenchel halbieren, den Strunk herausschneiden und den Fenchel in dünne Streifen schneiden. Paprikaschote halbieren, putzen und in Streifen schneiden.
- Butterschmalz in einer großen Pfanne mit hohem Rand erhitzen. Die Temperatur ist richtig, wenn sich an einem ins heiße Fett getauchten Holzlöffelstiel kleine Bläschen bilden.
- Die Kartoffelwürfel mit Küchenkrepp gut trocken tupfen, anschließend im heißen Fett etwa 15–20 Minuten goldbraun frittieren.
- Das Öl im Wok etwa 10 Minuten vor Ende der Garzeit der Kartoffeln erhitzen und das Gemüse darin portionsweise anbraten und salzen. Anschließend alle Gemüsesorten, bis auf die Kartoffeln, im Wok mischen. Sesamöl, Wok-Sauce und Brühe dazugeben, einmal kurz aufkochen.
- Kartoffeln mit einer Schaumkelle aus dem Fett heben, auf Küchenkrepp abtropfen lassen. Salzen, zum Gemüse geben und sofort servieren.

Hirse-Risotto

Das goldgelbe Getreide ist eine tolle Alternative zu Reis, die nicht nur lecker, sondern auch gesund ist. Mit Auberginen und Tomaten frisch und fantastisch

ZUTATEN

4 Portionen

RISOTTO

1 mittelgroße Aubergine
Salz
1 Schalotte
5 EL Olivenöl
250 g Hirse
200 ml Weißwein oder Brühe
½ l Gemüsebrühe
Couscous-Gewürzmischung oder Ras el Hanout (beides gibt's im Feinkosthandel)
2 mittelgroße Tomaten

DIP

200 g griechischer Joghurt (10 % Fett) oder Sojajoghurt mit Sojasahne gemischt
1–2 TL Zitronensaft
3 Zweige Minze

Fertig in 50 Minuten

Pro Portion
ca. 480 kcal, E 10 g, F 23 g, KH 49 g

Sojajoghurt und Sojasahne cremig rühren und den griechischen Joghurt ersetzen

FÜR DAS RISOTTO

- Aubergine abspülen, trocken tupfen und die Enden abschneiden. Aubergine zuerst in Scheiben, dann in kleine Würfel schneiden, salzen und 10 Minuten ziehen lassen.
- Schalotte abziehen, halbieren und in feine Würfel schneiden. 2 EL Öl erhitzen und die Schalottenwürfel darin bei kleiner Hitze glasig dünsten. Die Hirse dazugeben und kurz mitdünsten. Den Wein dazugießen und so lange bei kleiner Hitze kochen lassen, bis der Wein fast aufgenommen wurde. Jetzt nach und nach die Brühe dazugießen und immer wieder rühren. Alles etwa 20–25 Minuten bei kleiner Hitze kochen lassen.
- Inzwischen die Auberginenwürfel mit Küchenkrepp trocken tupfen. Die Couscous-Gewürzmischung im restlichen heißen Öl kurz andünsten. Auberginenwürfel dazugeben und bei starker Hitze 5 Minuten braten, dabei wenden.
- Tomaten kreuzweise einritzen, mit kochendem Wasser überbrühen und kalt abspülen. Die Haut abziehen, die Tomaten vierteln, entkernen und das Fruchtfleisch in kleine Würfel schneiden. Hirse, gebratene Auberginen- und Tomatenwürfel mischen und mit Salz und etwas Couscous-Gewürzmischung abschmecken.

FÜR DEN DIP

- Den Joghurt glatt rühren und mit Salz und Zitronensaft abschmecken. Minzeblätter fein hacken. Minze und Joghurt verrühren und als Dip zum Hirse-Risotto reichen.

Polenta-Schmarrn

Des Kaisers herzhafte Kleider: Zum goldgelben Maisgrieß-Pfannkuchen aus der Pfanne gibt's Paprika und Oliven

ZUTATEN

2 Portionen

je 1 rote und gelbe Paprikaschote
450 ml Milch
½ TL Meersalz
2 TL Gemüsebrühe (Instant)
75 g Maisgrieß (Polenta)
2 Eier
2 EL kleine schwarze Oliven mit Stein
1 Zweig Thymian
1 EL Margarine
getrocknete Paprikaflocken

Fertig in 45 Minuten

Pro Portion
ca. 555 kcal, E 22 g, F 31 g, KH 46 g

Dazu grüner Salat

- Den Backofengrill vorheizen.
- Paprika putzen und sechsteln. Mit der Hautseite nach oben auf ein Backblech legen und unter dem Grill rösten, bis die Haut schwarze Blasen wirft. Paprika für etwa 10 Minuten in einen Gefrierbeutel geben, gut verschließen und ziehen lassen. Dann die Haut der Paprikaschoten abziehen. Die geschälten Paprika in grobe Stücke schneiden.
- Die Milch aufkochen und mit Salz und Gemüsebrühe würzen. Den Grieß unter Rühren einrieseln lassen. Topf vom Herd nehmen und Grieß etwa 10 Minuten quellen lassen. Eigelbe schnell unterrühren und den Grieß ganz abkühlen lassen.
- Eiweiß und 1 Prise Salz steif schlagen und mit einem Schneebesen unter den Grieß heben.
- Margarine in einer beschichteten Pfanne zerlassen. Den Grießteig mit einem Löffel gleichmäßig in der Pfanne verstreichen und etwa 5 Minuten bei mittlerer Hitze stocken lassen.
- Den Pfannkuchen vorsichtig wenden und nochmals etwa 3 Minuten braten, dann vorsichtig in Stücke reißen (am besten in zwei Portionen arbeiten). Paprika und Oliven dazugeben und kurz mitbraten. Mit Paprikaflocken bestreuen.

Gewürzreis

MIT GEBACKENEN BANANEN

Ein kulinarisches Märchen mit Gewürzen aus 1001 Nacht: Cashewkerne und Sprossen sorgen für schönen Biss, Korinthen für leichte Süße

ZUTATEN
2 Portionen

1 Knoblauchzehe
1 TL Senfkörner
2 Nelken
je ½ TL gemahlener Kurkuma, Cumin und Sumach
4 Curryblätter (gibt's im Asia-Laden; ersatzweise Limettensaft),
2 EL Butterschmalz oder Pflanzenöl
125 g Basmati-Reis
Salz
25 g Radieschensprossen
30 g Cashewkerne
4 Mini-Bananen
1 EL Korinthen

Fertig in 35 Minuten

Pro Portion
ca. 525 kcal, E 8 g, F 22 g, KH 73 g

Butterschmalz durch Pflanzenöl ersetzen

— Den Knoblauch abziehen, fein hacken und mit den Gewürzen mischen. 1 EL Butterschmalz in einem Topf erhitzen und die Knoblauch-Gewürzmischung darin kurz anbraten.

— Reis in einem Sieb gut abspülen und abtropfen lassen. Reis zu den Gewürzen geben, kurz glasig dünsten und 400 ml Wasser dazugießen. Salzen und einmal aufkochen lassen. Den Herd ausschalten und den Reis im geschlossenen Topf etwa 20 Minuten auf der Herdplatte quellen lassen.

— Die Radieschensprossen gründlich abspülen und in einem Sieb gut abtropfen lassen.

— Cashewkerne in einer Pfanne ohne Fett goldbraun rösten. Herausnehmen, abkühlen lassen.

— Bananen mit der Schale der Länge nach halbieren. Kurz vor Ende der Quellzeit des Reises das restliche Butterschmalz in einer Pfanne erhitzen und die Bananen mit der Schnittfläsche nach unten darin 2–3 Minuten anbraten.

— Radieschensprossen, Korinthen und Cashewkerne unter den Reis heben und sofort zusammen mit den Bananen servieren.

Quinoa-Pilz-Pfanne

MIT HAGEBUTTENSAUCE

Herbstlich willkommen: nussige Inka-Körner plus Champignons, Shiitake und Kräutersaitlinge zu fruchtigem, leicht säuerlichem Rahm

ZUTATEN

4 Portionen

PILZPFANNE

100 g Quinoa
¼ l Gemüsebrühe
250 g braune Champignons
200 g Shiitake-Pilze
200 g Kräutersaitlinge
1 Schalotte
3 EL Olivenöl
Salz
frisch gemahlener Pfeffer

HAGEBUTTENSAUCE

200 g Schlagsahne
1 TL gekörnte Gemüsebrühe
2–3 EL Zitronensaft
3–4 TL Hagebuttenkonfitüre
1 TL Tomatenmark
2 Eigelb
1 Bund Lauchzwiebeln
1 EL Butter oder 1 EL Olivenöl

FÜR DIE PILZPFANNE

- Quinoa nach Packungsanweisung in der Gemüsebrühe 25–30 Minuten bei kleiner Hitze kochen, dann in einem Sieb abtropfen lassen.
- Die Pilze gründlich putzen und je nach Größe halbieren oder vierteln. Schalotte abziehen, halbieren und in feine Würfel schneiden. Das Öl in einer Pfanne erhitzen und Zwiebelwürfel darin glasig dünsten. Pilze dazugeben und 5 Minuten anbraten. Mit Salz und Pfeffer würzen. Quinoa dazugeben und kurz mitbraten.

FÜR DIE HAGEBUTTENSAUCE

- Sahne, Brühe, Zitronensaft, Hagebuttenkonfitüre und Tomatenmark in einem Topf unter Rühren langsam erhitzen. Eigelbe zuerst mit etwas Hagebuttensahne verrühren, dann die Eigelbmischung ganz in die restliche heiße Sahne rühren. Unter Rühren nochmals erhitzen, nicht mehr kochen, sonst gerinnt das Eigelb. Sauce mit Salz und Pfeffer abschmecken.
- Die Lauchzwiebeln putzen, abspülen und grob der Länge nach in Streifen schneiden. Butter in einer Pfanne erhitzen, die Lauchzwiebeln darin unter Wenden anbraten und salzen.
- Die Pilzpfanne zusammen mit der Sauce servieren. Gebratene Lauchzwiebeln dazureichen.

Fertig in 45 Minuten

Pro Portion
ca. 445 kcal, E 11 g,
F 32 g, KH 30 g

Kartoffelpüree

MIT BOHNENRAGOUT

Raffiniert kombiniert: Das Ragout aus zweierlei Bohnen ist leicht asiatisch angehaucht, im Püree steckt Sellerie und macht es schön würzig

ZUTATEN

4 Portionen

RAGOUT

200 g getrocknete schwarze Bohnen
Salz
1 Dose braune Bohnen (ersatzweise braune Bohnen in Chilisauce; 400 g)
200 g Petersilienwurzel
1 kleine Zwiebel
1 gehäufter EL Misopaste
1 EL Butterschmalz
1 EL Mehl
1–2 EL Sojasauce
1 Messerspitze Sambal oelek (indonesische Gewürzpaste)
Salz
frisch gemahlener Pfeffer

PÜREE

750 g mehligkochende Kartoffeln
500 g Knollensellerie
¼ l Milch
1 EL Butter

Ohne Wartezeit fertig in 1 Stunde 15 Minuten

Pro Portion ca. 540 kcal, E 30 g, F 16 g, KH 66 g

Dazu gewürzte Röstzwiebeln und eventuell vegetarische Würstchen

FÜR DAS RAGOUT

- Schwarze Bohnen in reichlich kaltem Wasser über Nacht quellen lassen. Die Bohnen mit frischem Wasser bedeckt in 35–40 Minuten nicht zu weich kochen.
- Braune Bohnen aus der Dose in ein Sieb gießen, abspülen und gut abtropfen lassen. Die Petersilienwurzel schälen, abspülen und fein würfeln. Zwiebel abziehen, halbieren und ebenfalls in feine Würfel schneiden.
- Misopaste und 400 ml heißes Wasser verrühren. Das Butterschmalz in einem Topf erhitzen. Petersilienwurzel und Zwiebelwürfel darin andünsten. Das Mehl darüberstäuben und die Misobrühe unter Rühren dazugießen. Die Mischung aufkochen lassen und mit Sojasauce, Sambal oelek, Salz und Pfeffer würzig abschmecken. Beide Bohnensorten in die Sauce geben und bei mittlerer Hitze darin erwärmen.

FÜR DAS PÜREE

- Kartoffeln und Sellerie schälen, abspülen und in Stücke schneiden. Zusammen in wenig Salzwasser in etwa 20 Minuten gar kochen. Kartoffeln und Sellerie abgießen.
- Milch und Butter erhitzen. Kartoffeln und Sellerie mit einem Kartoffelstampfer zerdrücken und die heiße Milch-Butter-Mischung dabei nach und nach unterrühren. Das Kartoffel-Sellerie-Püree mit Salz und Pfeffer abschmecken.
- Püree zusammen mit dem Ragout servieren.

Serviettenknödel

MIT STEINPILZRAGOUT

Zünftig bayerisch: Die lockeren Knödel aus Laugengebäck brauchen zwar etwas Zeit, gelingen aber garantiert

ZUTATEN

4 Portionen

SERVIETTENKNÖDEL

250 g Laugengebäck (vom Vortag)
2 Schalotten
70 g Butter
2 Eier
300 ml Milch
Salz
½ Bund glatte Petersilie

RAGOUT

1 Schalotte
25 g getrocknete Steinpilze
500 g frische Steinpilze (oder Kräutersaitlinge; oder beides mischen)
1 EL Butter
1 EL Mehl
200 g Kochsahne (15 % Fett)
1 Lorbeerblatt
Meersalz
frisch gemahlener Pfeffer
¼ Bund Suppengrün
Butterschmalz zum Braten

Ohne Wartezeit fertig in 1 Stunde 15 Minuten

Pro Portion ca. 615 kcal, E 21 g, F 36 g, KH 53 g

FÜR DEN SERVIETTENKNÖDEL

- Laugengebäck in Würfel schneiden. Schalotten abziehen und fein würfeln. Butter erhitzen und Schalottenwürfel darin glasig dünsten.

- Eier, Milch und 1 TL Salz verrühren. Brotwürfel und Schalotten unter die Eimischung rühren. Petersilie abspülen, fein hacken und unter die Brotmischung rühren. Teig etwa 1 Stunde quellen lassen.

- Ein Stück Frischhaltefolie auf ein gleich großes Stück Alufolie (je ca. 30 × 50 cm) legen. Knödelteig daraufgeben, eine Rolle (Ø 6 cm) formen und straff in die Folien wickeln. Folienenden gegeneinander fest zusammendrehen. In einem länglichen Topf oder Bräter reichlich Salzwasser aufkochen und die Knödelrolle hineinlegen. Zugedeckt bei mittlerer Hitze etwa 40 Minuten garen. Rolle herausnehmen, auswickeln und 10 Minuten ruhen lassen.

FÜR DAS RAGOUT

- Schalotte abziehen, würfeln. Getrocknete Pilze hacken und in 500 ml Wasser 10 Minuten einweichen. Frische Pilze putzen, halbieren oder vierteln.

- 1 TL Butter in einem Topf erhitzen, Schalotten darin anbraten, dann herausnehmen. Restliche Butter im Topf erhitzen und die frischen Pilze portionsweise bei starker Hitze anbraten. Zum Schluss mit Mehl bestäuben und etwa 1 Minute unter Rühren braten. Die eingeweichten Pilze mit dem Pilzsud und den Schalotten zu den Pilzen geben und gut rühren. Sahne dazugießen, Lorbeerblatt zufügen und mit Salz und Pfeffer würzen. Zugedeckt etwa 15 Minuten kochen lassen.

- Suppengrün putzen, fein würfeln, im Salzwasser aufkochen, abtropfen lassen und über das Ragout streuen. Serviettenknödel in Scheiben schneiden und im heißen Butterschmalz von beiden Seiten goldbraun braten. Zum Ragout servieren.

Steckrüben-Gnocchi

Italiens Kartoffelklößchen werden hier mit Zitronen-Frischkäse-Sauce und Chicorée serviert. Umwerfend!

ZUTATEN

2 Portionen

GNOCCHI

250 g mehlig kochende Kartoffeln
250 g Steckrübe
125 g Mehl (Type 550)
1 Eigelb
½ TL Salz
Mehl für die Arbeitsfläche

SAUCE

150 ml Gemüsebrühe
120 g Doppelrahmfrischkäse
Salz
frisch gemahlener weißer Pfeffer
1 Zitrone
½ Chicorée

Fertig in
1 Stunde 20 Minuten

Pro Portion
ca. 565 kcal, E 18 g,
F 24 g, KH 68 g

FÜR DIE GNOCCHI

- Die Kartoffeln und die Steckrübe gründlich abspülen und klein geschnitten mit Schale in Wasser je nach Größe 20–30 Minuten kochen.
- Danach abgießen und die Schale abziehen. Kartoffeln und Steckrübe noch heiß mit einem Kartoffelstampfer zerdrücken oder durch eine Kartoffelpresse geben. Mehl, Eigelb und das Salz dazugeben und alles mit den Knethaken des Handrührers zu einem Teig verkneten.
- Aus dem Kartoffelteig mit angefeuchteten Händen etwa haselnussgroße Kugeln rollen und auf eine bemehlte Arbeitsfläche legen. In jede der Kugeln mit den Zinken einer Gabel ein Rillenmuster drücken.
- Die Hälfte der Gnocchi in reichlich siedendem Salzwasser etwa 3 Minuten ziehen lassen, bis sie an die Wasseroberfläche steigen. Mit einer Schaumkelle herausnehmen, abtropfen lassen und warm stellen. Die zweite Portion Gnocchi wie beschrieben kochen.

FÜR DIE SAUCE

- Die Brühe in einem kleinen Topf erhitzen und den Frischkäse unter Rühren darin auflösen. Käsesauce mit Salz, Pfeffer und Zitronensaft kräftig abschmecken.
- Den Chicorée putzen, die Blätter ablösen und in schmale Streifen schneiden. Die Gnocchi mit der Käsesauce mischen und in Tellern oder Schalen anrichten und mit den Chicoréestreifen bestreuen. Sofort servieren.

Tipps

Die Steckrüben brauchen eventuell eine etwas längere Garzeit als die Kartoffeln. Darum am besten vor dem Abgießen kurz testen.

Wer ein großes Sieb hat, kann die Gnocchi einfach hineingeben und das Sieb dann direkt ins Kochwasser hängen.

Reistopf mit Kürbis

Dreamteam: Zum raffiniert gewürzten Möhren-Fenchel-Risotto mit Crème fraîche und Rauke gibt's scharfen Hokkaido aus dem Ofen

ZUTATEN
4 Portionen

2 kleine getrocknete Chilischoten
500 g Hokkaido-Kürbis
1 EL Öl
feines Meersalz
frisch gemahlener Pfeffer

RISOTTO
1 Zwiebel
1 Möhre
1 kleine Fenchelknolle
1 EL Butter
1 TL 5-Gewürzmischung
250 g Risotto-Reis
etwa 650 ml Gemüsebrühe
100 g Rauke
35 g Parmesan-Käse
100 g Crème fraîche

Fertig in 40 Minuten

Pro Portion
ca. 430 kcal, E 11 g,
F 17 g, KH 57 g

— Den Backofen auf 200 Grad, Umluft 180 Grad, Gas Stufe 4 vorheizen.

— Die Chilischoten fein zerbröseln. Kürbis abspülen, halbieren und ungeschält in Spalten schneiden. Spalten auf einem Backblech ausbreiten, mit Öl, Salz, Pfeffer und Chili würzen. Im Backofen auf der mittleren Schiene etwa 15–20 Minuten backen, bis er weich ist (Kerne vor oder nach dem Backen entfernen).

FÜR DAS RISOTTO

— Das Gemüse putzen, abspülen und fein würfeln. Butter in einem Topf erhitzen und die Gemüsewürfel darin andünsten. Mit der 5-Gewürzmischung würzen.

— Den Reis dazugeben und unter Rühren mitdünsten. Die heiße Gemüsebrühe dazugießen und aufkochen. Den Reis zugedeckt bei kleiner bis mittlerer Hitze etwa 20 Minuten kochen.

— Die Rauke abspülen, trocken schütteln und grob hacken. Den Parmesan reiben.

— Wenn der Reis fertig ist, vom Herd nehmen, noch eine Minute ziehen lassen. Die Hälfte der Rauke und des Parmesans mit der Crème fraîche unterrühren. Mit Salz und Pfeffer würzen.

— Restliche Rauke und Parmesan darüberstreuen. Mit dem gerösteten Kürbis servieren.

Tipp

Mit vorgegartem Reis statt Risotto-Reis geht's schneller.

Ungeschälte Knoblauchzehen mit dem Kürbis rösten, das weiche Innere kurz vor dem Servieren unter das Risotto rühren.

Orangen-Gemüse-Eintopf

MIT GREMOLATA

Aromatische Orangen, Sojahack und eine würzige Kräutermischung machen den Eintopf zu einem raffinierten Geschmackserlebnis

ZUTATEN

2 Portionen

400 g gemischtes Sommergemüse oder TK-Gemüse
200 ml Bio-Gemüsebrühe
1 Stück frischer Ingwer
2 Safranfäden
½ TL Pimentkörner
1 Bio-Saftorange (Saft und 1 Stück Schale)
1 Knoblauchzehe
2 EL gehackte Petersilie (frisch oder TK)
1 Paket Bio-»Soja Gehacktes« (180 g)
500 ml Kur-Molke
1 TL flüssiger Orangenhonig
2 EL Magerquark

- Das Gemüse putzen und klein schneiden.
- Gemüsebrühe, gehackten Ingwer und Gewürze aufkochen. Gemüse zugeben und 7–8 Minuten bei mittlerer Hitze kochen.
- Für die Gremolata 1 Stück Orangenschale und Knoblauch hacken und mit Petersilie mischen.
- Soja-Gehacktes und Molke zur Bouillon geben und weitere 2 Minuten bei kleiner Hitze kochen.
- Topf von der Kochstelle nehmen. Honig, Orangensaft und Quark verrühren und langsam unter Rühren zugeben. Eintopf anrichten und mit Gremolata bestreuen. In zwei Portionen teilen.

Fertig in 20–25 Minuten

Pro Portion
ca. 415 kcal, E 27 g,
F 11 g, KH 50 g

Dazu 2 halbe geröstete Vollkornbrötchen

Tipp

Für dieses Rezept können Sie Gemüsereste (z. B. Blumenkohl, Möhren, Bohnen, Porree) verwenden. Beim Wiedererhitzen kann der Eintopf etwas ausflocken, das hat aber keinen Einfluss auf den Geschmack.

Mangold

MIT PECORINOTALERN

Knackiger Mangold und würzige Käsetaler – das grün-gelbe Duo sieht nicht nur gut aus, es schmeckt auch einfach klasse

ZUTATEN

3 Portionen

PECORINOTALER

300 g Tofu
1 Eiweiß
2 EL Weizenmehl (Type 550)
3 EL fein geriebener Pecorino- oder Parmesan-Käse
Salz
frisch gemahlener Pfeffer
Olivenöl zum Anbraten

MANGOLD

400 g Stielmangold
1 große Zwiebel (50 g)
2 Knoblauchzehen
2 EL Olivenöl
200 ml Gemüsebrühe
½–1 TL mildes Currypulver
2 EL Kapern
3 EL Kochsahne (15 % Fett)
etwas Zitronensaft

Fertig in 30 Minuten

Pro Portion
ca. 340 kcal, E 25 g, F 22 g, KH 12 g

FÜR DIE PECORINOTALER

- Tofu, Eiweiß, Weizenmehl und Pecorino- oder Parmesan-Käse pürieren und mit Salz und Pfeffer abschmecken. Aus dem Teig mit nassen Händen 9 flache Taler formen.

- Olivenöl in einer beschichteten Pfanne bei mittlerer Hitze erhitzen. Die Käsetaler darin von jeder Seite 2–3 Minuten braten. Herausnehmen und warm stellen.

FÜR DAS MANGOLD

- Stielmangold putzen, abspülen, trocken tupfen und in Stücke schneiden.

- Zwiebel und Knoblauchzehen abziehen, würfeln und in Olivenöl andünsten.

- Gemüsebrühe, Mangold und Currypulver dazugeben und 5–7 Minuten zugedeckt dünsten. Kapern und Kochsahne dazugeben und kurz erwärmen. Gemüse mit Salz, Pfeffer und Zitronensaft abschmecken und zusammen mit den Käsetalern anrichten

Tipps

Sie können auch groben Spinat statt Mangold nehmen.

Um Fett zu sparen, erst 3 EL Olivenöl und dann eine Lage Backpapier in eine beschichtete Pfanne geben und bei mittlerer Hitze erhitzen. Käsetaler dünn mit Öl bestreichen, auf das Backpapier setzen und von jeder Seite 2–3 Minuten braten. Die Taler braten ohne Fett!

Kartoffel-Letscho

MIT SCHNITTLAUCH-SENF

Ein typisches Letscho basiert auf feuerroten Paprika – bei uns gibt es eine senfige Variante, die mindestens genauso würzig aromatisch schmeckt

ZUTATEN
1 Portion

200 g Bio-Kartoffeln
1 EL Olivenöl oder Pflanzencreme zum Braten und Kochen
¼ l Bio-Gemüsebrühe
1 dünne Porreestange (120 g)
120 g grüne Bohnen (frisch oder TK)
Salz
frisch gemahlener Pfeffer
Paprikaflocken oder Edelsüß-Paprikapulver
½ TL gerebeltes Bohnenkraut
2 EL weißer Balsamessig
3 EL Naturjoghurt (1,5 % Fett) oder Sojajoghurt
2 TL scharfer Senf
½ Bund Schnittlauch

— Kartoffeln gründlich abspülen, sauber bürsten, trocken reiben und längs halbieren. Schnittflächen der Kartoffelhälften in heißem Olivenöl goldgelb anbraten. Kartoffeln wenden, Brühe zugießen und 5 Minuten bei mittlerer Hitze zugedeckt dünsten.

— Porree und Bohnen putzen und gründlich abspülen. Den Porree in 2 cm breite Ringe schneiden.

— Gemüse und Gewürze zu den Kartoffeln geben und weitere 5 Minuten zugedeckt garen. Deckel entfernen, Essig zugeben und die Flüssigkeit 1–2 Minuten etwas einkochen.

— Joghurt, Senf, 1 Prise Salz und Schnittlauchröllchen verrühren und zum Letscho anrichten.

Fertig in 20–25 Minuten

Pro Portion
ca. 370 kcal, E 15 g, F 15 g, KH 42 g

Für eine vegane Variante den Naturjoghurt durch Sojajoghurt ersetzen

Tipp

Statt grüner Bohnen schmeckt das Kartoffel-Letscho auch mit Zucchini oder Zuckerschoten.

Wirsingrouladen

MIT SAFRAN-HOLLANDAISE

Jeder liebt Rouladen – und als Sonntagsessen stimmt diese vegetarische Variante einfach jeden zufrieden

ZUTATEN

4 Portionen

WIRSINGROULADEN

1 großer Kopf Wirsingkohl
1–2 EL Sonnenblumenöl
100–150 ml Gemüsebrühe

FÜLLUNG

200 g Kräutersaitlinge
200 g rosa Champignons
1 Bund Lauchzwiebeln
1 EL Sonnenblumenöl
Salz
frisch gemahlener Pfeffer
1 Eigelb
75 g Frischkäse

SAFRAN-HOLLANDAISE

150 g Butter
2 EL trockener Weißwein
4 frische Eigelb
etwa 1 kleine Messerspitze gemahlener Safran
etwas Zitronensaft
Zucker

Fertig in
1 Stunde 10 Minuten

Pro Portion
ca. 550 kcal, E 13 g, F 52 g, KH 8 g

Dazu Reis oder Kartoffeln reichen

FÜR DIE WIRSINGROULADEN

– In einem großen Topf reichlich Wasser aufkochen. Den Kohlkopf putzen und eine große Fleischgabel von unten in den Strunk stechen. Wirsing über Kopf und im Ganzen in das kochende Wasser geben (die Fleischgabel ragt oben aus dem Topf – siehe nächste Seite Foto 1).

– Etwa 1 Minute kochen lassen, das äußere Kohlblatt mit einem Messer vom Strunk schneiden und vorsichtig im Ganzen ablösen. Den Wirsing wieder knapp 1 Minute kochen lassen und das nächste Blatt ablösen. So weiterarbeiten, bis 6–8 schöne große Blätter abgelöst wurden.

– Den Wirsingkopf aus dem Wasser nehmen, beiseitelegen und anderweitig verwenden. Die abgelösten Kohlblätter noch etwa 4–5 Minuten kochen lassen (Foto 2). Dann herausnehmen und in kaltes Wasser legen. Bei allen Kohlblättern den harten Mittelstrunk keilförmig herausschneiden.

FÜR DIE FÜLLUNG

– Die Pilze putzen und in Stücke schneiden. Lauchzwiebeln putzen, abspülen und in feine Ringe schneiden. Das Öl in einer beschichteten Pfanne erhitzen und die Pilze darin anbraten. Nach 3–4 Minuten Bratzeit die Lauchzwiebeln dazugeben und alles mit Salz und Pfeffer kräftig würzen (Foto 3). Pilzmischung abkühlen lassen, in eine Schüssel geben und mit Eigelb und Frischkäse mischen (Foto 4).

– Je einen gehäuften EL Füllung auf die Wirsingblätter geben, aufrollen und mit Küchengarn zusammenbinden (Foto 5).

– Das Öl in einer Pfanne erhitzen und die Wirsingrouladen darin rundherum vorsichtig anbraten (Foto 6). Die Brühe in die

Tipps

Wer keinen Safran mag, kann ihn natürlich auch weglassen und die Hollandaise mit Zitronensaft (etwa 1 EL) abschmecken.

Während sich die klassischen Kohlrouladen mit Hackfüllung gut einfrieren lassen, können wir das für diese Variante nicht empfehlen – die Pilzfüllung würde sonst matschig werden. Also lieber nur so viele Portionen zubereiten, wie Sie wirklich brauchen.

1

2

3

4

5

6

7

8

9

Pfanne gießen (Foto 7) und die Rouladen mit Deckel etwa 10–15 Minuten schmoren lassen.

FÜR DIE HOLLANDAISE

•— Die Butter schmelzen lassen. Weißwein, 2 EL Wasser, Eigelbe, Safran, Salz und Pfeffer in einer Metallschüssel mit rundem Boden verrühren. Die Schüssel in ein heißes Wasserbad stellen und den Inhalt mit einem Schneebesen kräftig schlagen, bis eine schaumige dickliche Creme entstanden ist (Foto 8). Langsam und in dünnem Strahl die flüssige Butter unterschlagen (Foto 9). Die Hollandaise mit Salz, Pfeffer, Safran und Zitronensaft abschmecken.

•— Die Wirsingrouladen auf Tellern anrichten, mit etwas Safran-Hollandaise übergießen und sofort servieren.

Vegetarisch und vegan

Was Sie schon immer über Genuss ohne Fleisch wissen wollten: Wir geben wertvolle Einkaufstipps, erklären gängige Ernährungsformen und verraten, worauf Vegetarier und Veganer achten sollten, damit sie rundum gut versorgt sind

Gesund und bunt

Wer sich vegetarisch oder vegan ernährt, sollte so oft es geht selber kochen, Obst, Gemüse, Tofu und Vollkorngetreide möglichst frisch und unbehandelt kaufen und auf Fast Food, Tiefkühlkost, Weißmehl, Zucker und industriell hergestellte Lebensmittel verzichten.

Wenn Sie die Möglichkeit haben zum Einkaufen auf den Wochenmarkt zu gehen, sind Sie klar im Vorteil: So fällt es leichter, regionale und saisonale Produkte auszuwählen und sich abwechslungsreich zu ernähren.

Wissenschaftliche Untersuchungen belegen, dass Vegetarier im Durchschnitt deutlich gesünder leben als Fleischesser. Die Ergebnisse zeigen, dass diese weniger übergewichtig sind, seltener unter Bluthochdruck und Herz-Kreislauf-Erkrankungen leiden, weniger an Diabetes erkranken und niedrigere Cholesterinwerte haben.

Who is who?

Vegetarier ist nicht gleich Vegetarier. Viele Menschen essen nur gelegentlich vegetarisch, verzichten also nur ab und zu auf Fleisch und Fisch. Es gibt aber klassische Vegetariergruppen, die sich in dem, was sie essen bzw. weglassen leicht unterscheiden.

Veganer ernähren sich rein pflanzlich. Das heißt, sie essen keine tierischen Produkte, verzichten also auch auf Milch und Eier. Diese Ernährungsform liegt voll im Trend und es gibt mittlerweile viele Produkte, zum Beispiel auf Sojabasis, durch die sich Milchprodukte gut ersetzen lassen.

Lacto-Vegetarier ergänzen die Pflanzenkost durch Milchprodukte, wie Joghurt, Käse, Butter, Sahne und Crème fraîche und haben es leichter, sich vielseitig und ausgewogen zu ernähren.

Ovo-lacto-Vegetarier essen außerdem Eier, also gehören Omelettes, Gebäck, Rührei und mehr auf ihren Speiseplan, was für noch mehr Genuss sorgt.

Flexitarier sind recht locker in ihrer Ernährungsform: Sie ernähren sich vorwiegend pflanzlich, gönnen sich aber ab und zu ein Stück Fleisch oder Fisch.

So geht's vegan

Vegan genießen ist angesagt wie nie und mittlerweile alles andere als einseitig und kompliziert, denn es gibt immer mehr Produkte, die tierische Lebensmittel ersetzen können und nichts mehr vermissen lassen.

Milch lässt sich ganz einfach und je nach Geschmack durch Sojadrink, Reisdrink, Haselnuss- oder Mandeldrink ersetzen. Für Milchprodukte, wie Joghurt, Sahne, Butter, Frischkäse oder Schmand gibt es vielseitigen Ersatz auf Sojabasis, aber auch Kokosmilch, die außerdem zum Beispiel in Suppen für eine exotische Note sorgt, veganer Frischkäse und Mozzarisella auf Basis von gekeimtem Vollkornreis sorgen für Abwechslung.

Fleischersatz gibt es reichlich, ganz weit vorn in Sachen Vielseitigkeit ist hier Tofu, von natur bis geräuchert, als Seidentofu, mit Kräutern oder Nüssen. Sojahack, -schnitzel oder -gulasch sind für alle, die klassische Fleischgerichte »veganisieren« eine gute Alternative. Auf Butter zu verzichten ist nicht schwer: Die Antwort für Pflanzenköstler sind vegane Margarine und sämtliche Öle, wie Olivenöl, Rapsöl, Sonnenblumenöl und für die asiatische Küche aromatisches Sesamöl.

Gesüßt wird in erster Linie mit Rohrohrzucker, Agavendicksaft und Ahornsirup, da Honig streng genommen ein tierisches Produkt ist. In Sachen Brotaufstriche haben Veganer die ganz große Auswahl: von Tahin (Sesammus, der auch ein tolles Würzmittel ist), Mandel- oder Nussmus bis sämtliche Pasten auf Nährhefe- und Sojabasis ist für jeden Geschmack etwas dabei.

Viel mehr als nur eine Beilage sind Getreideprodukte, wie Bulgur und Couscous aus Hartweizengrieß, Quinoa oder Hirse. Sie sind eine schmackhafte Basis für Salate und eine willkommene Abwechslung, um sie als fleischlose Alternative in Burger oder Bolognese zu verwandeln. Ganz nebenbei ist Quinoa eine der besten pflanzlichen Eiweißquellen, Hirse versorgt Veganer mit jeder Menge wertvollem Eisen.

Worauf Sie achten sollten

Wer sich vegan ernährt, also auf tierische Produkte verzichtet, nimmt unter Umständen nicht genügend Eiweiß, Eisen, Kalzium, Jod und Vitamin B12 zu sich, heißt es laut Deutscher Gesellschaft für Ernährung. Das Risiko an Osteoporose zu erkranken erhöht sich, vermutlich, weil Milch als Kalziumquelle fehlt. Auch wenn Salat, Gemüse und Obst Kalzium enthalten, dieses kann vom Körper schlechter verwertet werden als tierisches. Der Grund: Bestimmte in Pflanzen enthaltene Stoffe wie Phytin- und Oxalsäure erschweren die Aufnahme ins Blut.

Auch Vitamin D und B2 fehlen Veganern oft, durch die rein pflanzliche Kost. Jod ist ein elementarer Bestandteil von Schilddrüsenhormonen, die eine wichtige Rolle im Stoffwechsel von Kohlenhydraten, Fett und Eiweiß spielen. Vitamin B12 wird zum Beispiel für die Zellteilung und die Bildung roter Blutkörperchen benötigt. Vitamin D hilft die Aufnahme von Kalzium zu verbessern und Vitamin B2 braucht der Körper, um Zucker und Fett in Energie umzuwandeln. Kalzium steckt etwa in Nüssen und Hülsenfrüchten. Zudem lässt sich mit Tofu und ebenfalls Hülsenfrüchten, also mit Kichererbsen, Linsen oder Bohnen, der Eiweißbedarf gut decken. Weiße Bohnen haben sogar einen höheren Eiweißgehalt als Fleisch.

Getreideprodukte, Nüsse und Samen, Trockenobst, Spinat sowie bestimmte Salatsorten wie Rucola oder Feldsalat sind gute Eisenlieferanten, auch wenn pflanzliches Eisen für den Körper schlechter verwertbar ist als tierisches. Vitamin C hilft dabei, Eisen aus der Nahrung besser aufzunehmen. Frisches Obst und rotes Gemüse, wie rote Paprika sind deshalb wichtig, außerdem die in Sauerkraut enthaltene Milchsäure. Schwarztee vermindert dagegen die Aufnahme von Eisen aus dem Darm ins Blut. Jod nimmt der Körper zum Beispiel auch über jodiertes Speisesalz auf. Nicht so einfach zu ersetzen ist Vitamin B12, da es beinahe ausschließlich in tierischen Produkten vorkommt. Bestimmte Algenarten wie Chlorella und Nori enthalten relativ hohe Mengen an Vitamin B12. Ob der Körper es tatsächlich aufnehmen kann, ist allerdings noch nicht erwiesen. Veganer sind also vor allem auf mit Vitamin B12 angereicherte Nahrungsergänzungsmittel angewiesen, um ihren Bedarf zu decken.

Vitamin D kann der Körper inzwischen auch im Sommer nicht mehr ausreichend selbst produzieren, da wir in Europa leben und nicht in Afrika. Deshalb sollten vor allem Veganer ihren Vitamin-D-Status beim Arzt checken und sich entsprechende Präparate verschreiben lassen, da frei verkäufliche Nahrungsergänzungsmittel vermutlich zu gering dosiert sind, um gut versorgt zu sein.

Und wer regelmäßig frisches Gemüse, vor allem Spinat, Spargel und Brokkoli isst, wird mit dem Energiekatalysator Vitamin B2 gut versorgt.

Edel Books
Ein Verlag der Edel Germany GmbH

Neumühlen 17, 22763 Hamburg
www.edel.com
1. Auflage 2014

Alle Rezepte stammen aus der BRIGITTE.
Chefredakteurin BRIGITTE: Brigitte Huber
Stellvertretende Chefredakteurinnen: Claudia Hohlweg (Art), Claudia Münster

Projektleitung und Koordination: Jelena Jenzsch (BRIGITTE), Constanze Gölz (Edel)
Rezepte (Produktion und Foodstyling): BRIGITTE Kochressort
Rezeptauswahl: Antje Klein, Constanze Gölz, Julia Sommer
Texte: Antje Klein
Textlektorat: Claudia Münster
Lektorat und Redaktion: Constanze Gölz, Julia Sommer
Korrektorat: Brigitte Hamerski
Fotografien im Innenteil: Thomas Neckermann mit Ausnahme von Seite 25 von Ulrike Holsten, Seite 99 von Wolfgang Schardt, den Seiten 39, 41, 43, 107 von Sabine Hand, den Seiten 45 und 115 von Janne Peters, der Seite 69 von Dietrich Halemeyer und der Seite 150 von Reiner Schmitz
Coverfotografien: Wolfang Schardt mit Anne-Katrin Weber (Foodstyling) und
Maria Grossmann (Styling)
Layout, Satz und Covergestaltung: Lars Hammer und Carolin Beck für
Groothuis. Gesellschaft der Ideen und Passionen mbH, Hamburg | www.groothuis.de
Lithografie: edelweiß publish, Hamburg (Innenteil) und Frische Grafik, Hamburg (Cover)
Druck und Bindung: optimal media GmbH, Glienholzweg 7
17207 Röbel/Müritz

PEFC
PEFC/04-31-1846
PEFC zertifiziert
Dieses Produkt stammt aus nachhaltig bewirtschafteten Wäldern und kontrollierten Quellen
www.pefc.org

Printed in Germany
ISBN 978-3-8419-0296-2